Simone Marchi

Risalire al concetto teologico di anima

Simone Marchi

Risalire al concetto teologico di anima

Dalle proposte contemporanee alle riflessioni dogmatiche

Edizioni Sant'Antonio

Imprint
Any brand names and product names mentioned in this book are subject to trademark, brand or patent protection and are trademarks or registered trademarks of their respective holders. The use of brand names, product names, common names, trade names, product descriptions etc. even without a particular marking in this work is in no way to be construed to mean that such names may be regarded as unrestricted in respect of trademark and brand protection legislation and could thus be used by anyone.

Cover image: www.ingimage.com

Publisher:
Edizioni Accademiche Italiane
is a trademark of
International Book Market Service Ltd., member of OmniScriptum Publishing Group
17 Meldrum Street, Beau Bassin 71504, Mauritius

Printed at: see last page
ISBN: 978-613-8-39186-9

Simone Marchi

RISALIRE AL CONCETTO TEOLOGICO DI ANIMA

Dalle proposte contemporanee alle riflessioni dogmatiche

INDICE

ABBREVIAZIONI E SIGLE

a.	*articula*
CCC	*Catechismo della Chiesa cattolica* (1992)
CIC	*Codex Iuris Canonici* (1983)
DS	H. DENZINGER – A. SCHÖNMETZER, *Enchiridion Symbolorum*, EDB, Bologna
GS	*Gaudium et spes*, Acta Apostolicae Sedis 58 (1966) 1025-1120
OT	*Optatam totius*, Acta Apostolicae Sedis 58 (1966) 713-727
p.	*pars*
q.	*quaestio*
ST	TOMMASO D'AQUINO, *Summa Theologiae*

INTRODUZIONE

L'importanza che può avere una ricerca sul concetto e sulla definizione di anima umana, ma anche del suo recupero qualora fosse stato dimenticato o misconosciuto, nasce dalla centralità che questo tema ha nel mistero cristiano, considerato nella sua dimensione omnicomprensiva e descrittiva della realtà umana; infatti «per circa trenta secoli è stato uno dei temi centrali del pensiero filosofico e teologico e, dopo un periodo di oblio, negli ultimi decenni ha nuovamente risvegliato l'attenzione degli studiosi»[1]. La ricerca su una definizione di anima condivisa universalmente si inserisce nel più ampio dibattito che coinvolge il pensiero della Chiesa sulla dimensione dell'invisibile e del soprannaturale, tema fondamentale per la fede cristiana e biblica in generale e che non è limitato ad essere un semplice aspetto antropologico ma che rende ragione della sostanziale struttura di cui è composta tutta la realtà. Avere una chiara definizione di anima umana è quindi una *conditio sine qua non*, al di fuori della quale non potremo dare una definizione realistica né di uomo né del creato.

Sicuramente significativo e spunto di riflessione può essere il fatto che il Codice di Diritto Canonico si conclude con la famosa dichiarazione che definisce la "salute-salvezza" delle anime come costante legge suprema per la Chiesa[2]. Questa dichiarazione canonica sembra sottintendere una consapevolezza ontologica prima che una direttiva morale, ovvero la consapevolezza dell'esistenza di un principio spirituale per la realtà umana[3]. Come sarà chiaro nello svolgimento del tema, il principio spirituale dell'uomo non implica una sinonimia tra anima e persona umana, così come non implica quella tra spirito e uomo[4], ma indica una necessaria priorità d'indagine ed un'origine soprannaturale alla soluzione del mistero della persona umana[5]. Il cardinal Ratzinger faceva riferimento, nel suo libro *Introduzione al*

[1] R. GIANNETTI, *L'anima. storia e metamorfosi di un problema*, in *Rivista di Ascetica e Mistica* 28 (2003), 425.

[2] «[...] servata aequitate canonica et prae oculis habita salute animarum, quae in Ecclesia suprema semper lex esse debet» (*CIC* 1752).

[3] «Nel linguaggio ordinario, anima designa tutto l'uomo in quanto soggetto intelligente e libero»: A. VACCARO, *Neurofilosofia: una sfida per la concezione cristiana dell'anima?*, in *Rassegna di Teologia* 45 (2004), 222.

[4] «La persona umana non è uno spirito puro ma è spirito incarnato»: N. D'ONGHIA, *L'anima è il nostro cervello? Neuroscienze e teologia: prove di dialogo*, in *Rivista di Scienze Religiose* 25 (2011), 169.

[5] «Per questo non ci scoraggiamo, ma, se anche il nostro uomo esteriore si va disfacendo, quello interiore invece si rinnova di giorno in giorno. Infatti il momentaneo, leggero peso della nostra tribolazione ci procura una

cristianesimo, ad un primato dell'invisibile sul visibile[6] per rendere evidente la radice trascendente della fede in un Dio che è spirito (cfr. *Gv* 4, 24) e che creandoci a Sua immagine e somiglianza[7] (cfr. *Gn* 1, 26) ci ha chiamati a partecipare della Sua natura[8]. Un certo primato per un principio invisibile spirituale, nell'indagine del mistero umano, era accordato anche nella filosofia classica, dove lo stesso Aristotele, nel suo trattato sulla metafisica, ci porta a riconoscere un primato dell'anima[9], quale fonte e centro della vita dell'intero organismo. L'anima ha dunque una priorità ontologica anche se non è cronologica rispetto al corpo, che anzi potremo dire che almeno temporalmente lo precede[10]. La tesi filosofica di fondo, che si ricava da una speculazione filosofica lunga quasi tre millenni e mediata dallo sguardo della fede rivelata, è che «l'anima è l'unica forma sostanziale dell'uomo, ed insieme che essa si caratterizza come forma emergente dalla materia nel proprio essere ed operare, per cui risulta partecipe della natura spirituale propria delle sostanze intellettive»[11]. Formula costante che riassume questa posizione è quella dell'anima che è qualificata, ad un tempo, "forma del corpo"[12] e "forma sussistente"[13]. Secondo la metafisica aristotelica che verrà accolta dal sistema filosofico cristiano della scolastica, la forma si dice sostanza in senso primario, rispetto alla materia[14] e al sinolo[15]; quest'ultimo è unione a sua volta di materia e forma. Per la fede cattolica è stata sempre imprescindibile la realtà di una "sostanza spirituale"[16] che possa dare ragione contemporaneamente di due fattori: in primo luogo il fornire alla materia

quantità smisurata ed eterna di gloria: noi non fissiamo lo sguardo sulle cose visibili, ma su quelle invisibili, perché le cose visibili sono di un momento, quelle invisibili invece sono eterne» (*2Cor* 4, 16-18).

6 Cfr. J. RATZINGER, *Introduzione al cristianesimo*, Queriniana, Brescia 1969, 62.

7 «È perfettamente giusto il commento di quanti vedono nell'Antico Testamento l'idea dell'anima raccolta su di un rapporto, quello di somiglianza che passa tra l'uomo e Dio, secondo l'immagine iniziale della Genesi, ripresa nella tarda testimonianza del libro della Sapienza dove l'idea della similitudine per immagine si sposa felicemente all'altra idea dell'immortalità»: M. F. SCIACCA, *L'anima*, Morcelliana, Brescia 1954, 16.

8 «La parola anima divenne l'indicazione di una dimensione dell'essere umano che poteva accettare come proprio il dono dello Spirito Santo. [...] Ciò supponeva un recettore della vita divina capace di essere spirito come Dio è Spirito»: G. BAGET BOZZO, *L'immortalità dell'anima*, in *Studi Cattolici* 52 (2008), 86.

9 «Naturam autem hominis considerare pertinet ad theologum ex parte animae, non autem ex parte corporis, nisi secundum habitudinem quam habet corpus ad animam. Et ideo prima consideratio circa animam versabitur» (*ST* p. I, q. 75). *Ora, al teologo [Aristotele] spetta di occuparsi della natura dell'uomo dal punto di vista dell'anima, non del corpo, salvo i rapporti che il corpo ha con l'anima. Quindi il primo studio si occuperà dell'anima* [da ora in avanti verrà riportata in corsivo una traduzione in italiano a cura nostra per ogni citazione dalla Summa Theologiae].

10 Per maggiori considerazioni sul "momento" dell'unione tra forma e materia vedi: B. MONDIN, *Antropologia filosofica*, ESD, Bologna 2006, 284.

11 A. GHISALBERTI, *Anima e corpo in Tommaso d'Aquino*, in *Rivista di filosofia Neo-Scolastica* 97 (2005), 283.

12 «La fede cattolica tiene alla tesi dell'unità duale anima-corpo nella quale l'anima è la forma del corpo»: A. SCOLA, *La persona umana. Antropologia teologica*, Jaca Book, Milano 2000, 169.

13 Cfr. GHISALBERTI, *Anima e corpo in Tommaso d'Aquino*, 283.

14 «Il corpo è sostanza nel modo per noi più evidente»: A. PETAGINE, *Tommaso d'Aquino e la corporeità. Alcune considerazioni intorno alla Sentencia libri De Anima*, in *Aquinas* 56 (2013), 357.

15 Cfr. *ivi*, 356.

16 «L'anima ha infatti tutti i requisiti necessari e sufficienti per essere considerata una sostanza completa e ne svolge tutte le principali funzioni»: Cfr. MONDIN, *Antropologia*, 283.

ciò che la rende "corpo umano"[17] ed inoltre garantire la sopravvivenza della coscienza umana nel tempo tra la morte del corpo e la sua risurrezione finale. Quest'ultima istanza sembra dare il punto di riferimento più chiaro per la riflessione teologica, perché in fondo «evocare l'esistenza dell'anima, principio spirituale immortale distinto dal corpo, equivale a porre la questione dello stato intermedio tra la morte e la risurrezione»[18].

C'è il pericolo nel mondo moderno, di ridurre l'anima ad una pura *res cogitans*[19] finendo per identificarla esclusivamente con la ragione e con l'autocoscienza[20]; un ulteriore pericolo, e questa è una tendenza piuttosto accentuata nel mondo contemporaneo, secondo varie forme di naturalismo, consiste nell'inserire nell'ambito dei fenomeni naturali anche l'intelletto e le sue operazioni[21]. Tutto ciò può essere considerato a causa di una posizione ideologica non del tutto consapevole, diffusa tra gli stessi uomini di scienza e spesso implicita nelle opinioni di senso comune. La crisi delle forme tradizionali di sapere rafforzano l'orientamento secondo il quale è reale soltanto ciò che è riconducibile alla realtà fisica e quindi solo i metodi positivi delle scienze naturali possono portare ad una conoscenza certa[22]. Ci sono inoltre opinioni autorevoli che ritengono come causa fondante per la crisi moderna della riflessione sull'anima non direttamente l'ambito delle scoperte della scienza o il pensiero scientifico in genere ma la teologia stessa: un autore afferma infatti che «l'anima è stata uccisa teologicamente, non scientificamente»[23], intendendo probabilmente un cambio di prospettiva per la teologia cristiana, sia cattolica che protestante[24], che ha radici lontane e che ha relegato il dato spirituale a fenomeno non determinabile, di conseguenza lasciandolo in balìa della critica materialistica[25].

C'è da ricordare che insieme alle problematiche teologiche negli ultimi decenni si è assistito anche ad un recupero della consapevolezza in quell'unità radicale e sostanziale tra l'anima e il corpo che è la natura stessa dell'uomo[26], come è chiaro anche dalle istanze

---

[17] «Il corpo umano è la materia determinata e vivificata dall'anima. Esiste una radicale diversità tra il corpo umano e il cadavere»: C. RUINI, *C'è un dopo? La morte e la speranza*, Mondadori, Milano 2016, 64.

[18] J. B. EDART, *"anima"*, In: *Temi teologici della Bibbia*, a cura di R. PENNA – G. PEREGO – G. RAVASI, San Paolo, Cinisello Balsamo 2010, 45.

[19] Interessante per il concetto di "sostanza spirituale" è che nel passaggio dalla sensibilità platonica della teologia patristica a quella aristotelica della teologia scolastica, ci sarà un approfondimento e un chiarimento nella continuità. Vedremo che la rottura filosofica si avrà invece con la "res cogitans" cartesiana.

[20] Cfr. M. MARASSI, *L'attualità del problema dell'anima. Tommaso lettore di Aristotele*, in *Aquinas* 61 (2013), 315.

[21] Cfr. *ivi*, 316.

[22] Cfr. *ibidem*.

[23] BAGET, *L'immortalità dell'anima*, 92.

[24] «Con la riforma protestante inizia la morte del pensiero sull'anima proprio della tradizione cristiana»: *ivi*, 88.

[25] «Due ragioni di questa crisi si possono individuare nel venir meno della possibilità di una conoscenza teoretica della realtà dell'anima e nella rivendicazione dell'autonomia morale dell'uomo, che rifiuta ogni dipendenza dall'attesa di una sanzione ultraterrena»: C. RUINI, *L'anima e la sua immortalità tra teologia e approccio sistemico*, in *Rivista di filosofia Neo-Scolastica* 109 (2017), 277.

[26] «Da risolvere l'altro problema circa il come la recuperata unitarietà del soggetto non implichi complicazioni sul versante dell'immortalità dell'anima»: GHISALBERTI, *Anima e corpo in Tommaso d'Aquino*, 285.

dell'attuale antropologia teologica[27]. Vedremo più avanti che anche in questo ambito ci sono stati problemi dottrinali piuttosto delicati come quelli legati all'idea che il concetto della dualità di anima e corpo fosse solo una costruzione della filosofia greca e quindi sconosciuta al pensiero biblico:

> «Nei tempi recenti, si era sviluppata una tendenza a concentrare lo sguardo sulla risurrezione dell'uomo, trascurando l'affermazione dell'immortalità dell'anima. Alcuni opponevano al concetto di un'anima distinta dal corpo, concetto considerato come greco, il concetto, detto semitico, di un essere vivente più unitario. Eppure, la distinzione fra anima e corpo appare nella Bibbia e viene espressamente affermata da Gesù (*Mt* 10, 28). L'immortalità dell'anima, già sottolineata nel Libro della Sapienza (*Sap* 3, l; 5,15), non fa ostacolo a una sopravvivenza procurata dalla risurrezione di Cristo. Questa risurrezione, comunicandosi agli uomini, ha due effetti diversi: spiritualizzazione dell'anima e rianimazione del corpo»[28].

Questo concetto unitario nella distinzione delle parti è comunque presente sin dall'inizio della teologia cristiana e ciò possiamo verificarlo già con san Paolo, quando ad esempio augura che «il Dio della pace vi santifichi fino alla perfezione, e tutto quello che è vostro, spirito, anima[29] e corpo, si conservi irreprensibile per la venuta del Signore nostro Gesù Cristo» (*1Ts* 5, 23)[30], e rimane chiaro fino al cuore della speculazione scolastica, come si evince da questi passaggi di san Tommaso: «Un uomo desidera per natura la propria salvezza, ma l'anima, essendo una parte del corpo umano, non è l'uomo intero e la mia anima non è l'io; così per quanto l'anima guadagni la salvezza nell'altra vita, non è la salvezza del mio io, né di qualche uomo»[31] e ancora «per quanto il nostro intelletto possa manifestarsi capace di trascendere cognitivamente la materia [...] l'attività e la natura dell'anima non possono essere comprese al di fuori di un certo legame con il corpo»[32].

Per poter quindi approfondire le posizioni e dare una possibile sintesi del vastissimo e complicato tema, sarà necessario operare un *excursus* storico e filosofico oltreché teologico, vista la trasversalità sia temporale che tematica degli argomenti che necessariamente saranno toccati. Si tratterà di operare per cercare di risolvere l'ambiguità del termine anima, guardando alla possibile radice etimologica e al carico di significati che epoche e popoli

[27] Cfr. G. ANCONA, *Antropologia teologica. Temi fondamentali,* Queriniana, Brescia 2014, 169.
[28] J. GALOT, *L'escatologia dal Concilio Vaticano II ad oggi*, in http://www.clerus.org/clerus/dati/2001-11/29-999999/02Esit.html (10/05/2018).
[29] Da notare l'assenza del concetto di anima nell'ambiente culturale ebraico, pur essendo presente in esso il concetto di spirito. Cfr. GIANNETTI, *L'anima* , 425.
[30] Il Catechismo della Chiesa Cattolica chiarifica questo passo: «Talvolta si dà il caso che l'anima sia distinta dallo spirito. Così san Paolo prega perché il nostro essere tutto intero, "spirito, anima e corpo, si conservi irreprensibile per la venuta del Signore" (*1Ts* 5, 23). La Chiesa insegna che tale distinzione non introduce una dualità nell'anima. "Spirito" significa che sin dalla sua creazione l'uomo è ordinato al suo fine soprannaturale, e che la sua anima è capace di essere gratuitamente elevata alla comunione con Dio» (*CCC* 367).
[31] Cit. in: PETAGINE, *Tommaso d'Aquino e la corporeità*, 358.
[32] *Ivi*, 353.

hanno contribuito ad accumulare su di essa. Si dovrà cercare di approfondire la riflessione di alcuni grandi pensatori, filosofi e teologi, che hanno dato un contributo significativo a questo tema. Inoltre ci si dovrà confrontare con le istanze della scienza naturale che, a causa di nuovi paradigmi filosofici e delle enormi potenzialità della tecnologia moderna, si è prepotentemente inserita nella discussione. In questo caso si dovranno analizzare, nei limiti delle competenze e degli obiettivi, i contributi costruttivi e le inevitabili ingerenze logiche che si riscontrano quando si sovrappongono livelli distinti della realtà, come il fisico e il metafisico, il naturale e il soprannaturale. Infine sarà doveroso esporre le formulazioni dogmatiche che guidano la fede del cristiano cattolico a fondare una fede certa sulla natura dell'anima, ovvero in definitiva quelle definizioni della Chiesa docente che confermano nella sostanza, con le parole dell'ingegno cristiano, la rivelazione di Dio sulla nostra vera natura.

In questo senso si dovrebbe capire che non è sterile il proposito di limitare questo lavoro ad un recupero concettuale perché anche solo per poter chiarire i termini del discorso è necessario che si dimostri la ragionevolezza del sistema teologico, e di conseguenza anche filosofico, che sottende alla dottrina dell'anima sostanziale ed immortale così come viene confessata nella Chiesa. Chiarire il concetto non è semplicemente importante per la dottrina cattolica ma è fondamentale per la fede cristiana stessa: cercheremo infatti di dimostrare che la dottrina cattolica sull'anima rende ragione delle istanze bibliche[33], della continuità del ragionamento magisteriale e della ragionevolezza filosofica, senza soluzione di continuità nella storia[34]; ma anche di evidenziare che, venendo meno la fede nella possibilità di esistenza di una sostanza spirituale come l'anima umana, il cristiano rischia di perdere la fede nel Dio biblico stesso, ovvero in un Essere che per antonomasia è puramente spirituale, personale e sostanziale[35]. Le conseguenze potrebbero essere quelle di ridurre la fede cristiana da

[33] San Tommaso, commentando la famosa parabola del povero Lazzaro e del ricco Epulone (*Lc* 16, 25), farà notare che: «dicitur enim, Luc. XVI, diviti epuloni in Inferno secundum animam existenti, recordare quia recepisti bona in vita tua. Ergo memoria manet in anima separata; et per consequens aliae potentiae sensitivae partis» (*ST* p. I, q. 77, a. 8). *È stato detto al ricco Epulone negli inferi: "Ricordati che hai ricevuto dei beni quando eri in vita". Quindi la memoria rimane nell'anima separata.*

[34] «anima enim est primum quo nutrimur, et sentimus, et movemur secundum locum; et similiter quo primo intelligimus. Hoc ergo principium quo primo intelligimus, sive dicatur intellectus sive anima intellectiva, est forma corporis. Et haec est demonstratio Aristotelis in II De Anima» (*ST* p. I, q. 76, a. 1). *Infatti l'anima è il principio primo e immediato in forza del quale ci nutriamo, sentiamo e ci moviamo localmente, e in forza del quale abbiamo l'intellezione. Il principio primo della nostra intellezione dunque, che chiamiamo intelletto o anima intellettiva, è la forma del corpo. E questa è la dimostrazione di Aristotele nella II parte del De anima.* Ovviamente qui si intende una continuità tra la filosofia antica e quella cristiana nel solo campo della questione sulla natura immateriale dell'anima e non sull'intera dottrina cattolica della stessa. Inoltre è Dante stesso ad affermare che «tra tutte le bestialità che l'uomo può dire, quella più stolta e dannosa è la credenza che dopo questa vita non ve ne sia un'altra. Se guardiamo tutti i libri dei filosofi e di altri soavi scrittori, vediamo che tutti concordano in questo: che nell'uomo c'è qualcosa di perpetuo»: cit. in A. ROSMINI, *Spiritualità e immortalità dell'Anima. Antologia della Psicologia*, Fede e Cultura, Verona 2009, 38.

[35] Dal Concilio di Calcedonia del 451: «Seguendo dunque i Santi Padri, a confessare un unico e medesimo Figlio, il Signore nostro Gesù Cristo, concordi tutti noi insegniamo. Il medesimo è perfetto nella divinità, e il medesimo è perfetto nell'umanità, veramente Dio e veramente uomo, il medesimo è costituito da anima razionale

un'intima alleanza personale con un Dio trascendente ed eterno ad un instabile, per quanto colto, sistema morale e filosofico in balia delle alternanze storiche umane. Se inoltre accettiamo che la stessa «filosofia non è una scienza induttiva. Induzione e deduzione la possono aiutare in certo modo, procurandole il suo materiale e consentendo l'esposizione dei suoi risultati, ma come suo strumento specifico serve ad essa un metodo *sui generis*, una conoscenza intuitiva delle verità filosofiche che siano in se stesse certe, evidenti»[36], ancor più evidente dev'essere il fatto che la teologia non può muoversi dal basso dell'induzione, che sia una nuova frontiera della scienza sperimentale, una nuova istanza filosofica o una teoria filologica, ma dall'alto della parola di Dio che si esprime nell'armonia della Sacra Scrittura, del Magistero e della Tradizione[37]. Quindi «per avere una conoscenza reale dell'anima occorre giungere ad una sua definizione anch'essa reale, non dialettica, una definizione tramite la quale si giunge alla conoscenza degli accidenti»[38].

La struttura della presente tesi sarà caratterizzata da un ordine cronologico che potremo definire "a ritroso", ovvero a partire dall'attualità del tema fino a risalire alle definizioni concettuali. Nel primo capitolo avremo per così dire uno sguardo sull'attuale "stato dell'arte", attraverso l'esposizione della riflessione teologica e filosofica contemporanea, secondo l'analisi svolta in vari decenni di attività accademica dal cardinal Camillo Ruini, autore significativo per produzioni monografiche e articoli scientifici sul tema trattato. In seguito a ciò, nel secondo capitolo, si opererà un recupero concettuale andando ad attingere alla Sacra Scrittura, alla filosofia e alla riflessione magisteriale. Nel terzo ed ultimo capitolo si avranno finalmente i risvolti speculativi e sistematici di due giganti della filosofia e della teologia, san Tommaso d'Aquino e il cardinal Joseph Ratzinger, che si sono spesi in riflessioni esaustive sulla tematica in questione[39]. Nella conclusione cercherò di far emergere le soluzioni alle problematiche qui anticipate e svolte nel corpo del testo, proponendo una visione di sintesi che eviti comunque il pericolo del compromesso.

---

e corpo, consustanziale al Padre secondo la divinità, e il medesimo consustanziale a noi secondo l'umanità, "in tutto simile a noi all'infuori del peccato"; prima dei tempi, invero, generato dal Padre secondo la divinità, negli ultimi giorni poi, il medesimo per noi e per la nostra salvezza è nato da Maria vergine, la genitrice di Dio, secondo l'umanità, unico e medesimo Cristo, Figlio, Signore, Unigenito, in due nature senza confusione, senza mutamento, senza divisione, senza separazione da riconoscersi; senza che in nessun modo la differenza delle nature sia stata annullata a motivo dell'unione, ma piuttosto rimane conservata la proprietà di entrambe le nature, che concorrono anche a formare un solo *prosopon* (persona) e una sola ipostasi, non ripartito o diviso in due *prosopa*, ma l'unico e medesimo Figlio unigenito, Dio, Logos, Signore Gesù Cristo, come sin dall'antichità i profeti annunciarono riguardo a Lui ed Egli stesso, Gesù Cristo, ci insegnò e il simbolo dei Padri ci ha trasmesso» (*DS* 301).

[36] E. STEIN, *La ricerca della verità. Dalla fenomenologia alla filosofia cristiana*, Città Nuova, Roma 1993, 59.

[37] FRANCESCO, *Discorso alla Pontificia Commissione Biblica*, Acta Apostolicae Sedis 105 (2013), 438- 440.

[38] R. RIZZELLO, *La definizione di anima e la sua dimostrazione nella Sentencia de Anima di Tommaso d'Aquino*, in *Aquinas* 56 (2013), 380.

[39] Ovviamente le riflessioni di questi due autori non esauriscono l'argomento trattato ma forniscono a questo lavoro di basilare recupero concettuale sul tema, un solido punto di riferimento.

CAPITOLO PRIMO

1. RIFLESSIONE SULL'ATTUALITÀ DEL TEMA

Per centrare l'analisi sul nostro tema sarà particolarmente significativo il contributo del cardinale Camillo Ruini, già vicario della diocesi di Roma e già presidente della Conferenza Episcopale Italiana. Precedentemente a questi prestigiosi incarichi il cardinal Ruini ha svolto un'intensa vita accademica sia nell'ambito dell'insegnamento della filosofia e della teologia dogmatica che nella ricerca accademica. Un suo particolare interesse di ricerca è stato proprio il dibattito sul concetto di anima che durante il periodo post-conciliare aveva mostrato varie disomogeneità nello stesso ambiente accademico ed ecclesiale, con vivi contrasti conseguenti. La sua opera di ricerca è quindi particolarmente utile per il nostro lavoro in quanto si prefigge di riportare una certa possibile chiarezza su di un tema divenuto piuttosto confuso. La sua personale riflessione si estende su tutte le fasi del pensiero teologico ed abbraccia con la sua analisi anche le istanze della moderna ricerca scientifica. Le sue conclusioni sono raccolte in varie monografie e articoli, in particolare possiamo evidenziare il suo più recente lavoro esposto durante l'ultimo convegno da lui presieduto, nel 2017 a Milano presso l'Università del Sacro Cuore, sotto il titolo: *L'anima e la sua immortalità tra teologia e approccio sistemico*.

Ciò che caratterizza il lavoro del cardinal Ruini è la capacità di conciliare le istanze magisteriali con le proposte della teologia moderna e il rendere possibile, su di un campo così dibattuto, un'ermeneutica della continuità tra la sensibilità contemporanea e la teologia aristotelico-tomista. Un lavoro il suo che non si ferma ad un'ingenua conciliazione e non cede al semplice compromesso fra varie posizioni così profondamente eterogenee: lo stesso autore afferma con decisione che «la trascendenza del soggetto umano rispetto al resto della natura e la sua sopravvivenza al di là della morte sono parte essenziale della fede cristiana»[40], una chiara espressione della fede nell'esistenza dell'entità spirituale dell'anima e nella sua

[40] RUINI, *L'anima e la sua immortalità*, 277.

immortalità, posizioni che rimangono un punto solido di riferimento e conferma di un approdo sicuro alla speculazione e alla ricerca scientifica.

1.1 ANIMA IMMORTALE E FORMA SOSTANZIALE

Le due istanze di partenza e di riferimento per Ruini sono infatti quella dell'anima come forma del corpo e quella dell'anima come entità sussistente e immortale: «l'esistenza dell'anima e la sua immortalità sono effettivamente non rinunciabili per la teologia cattolica. Vanno comprese però non in maniera dualistica, bensì nel senso di una distinzione reale tra l'anima e la materia, all'interno di quell'unico essere che è l'uomo»[41]. Il pensiero di Ruini si dirige tutto in questo senso, ovvero indagare il mistero dell'anima a partire da questi fondamenti della fede riprendendo a piene mani la riflessione ecclesiale che ha tuttora il proprio fulcro nel sistema tomistico (cfr. *OT* 16). Il nostro autore infatti comprende quanta confusione possa aver generato la dialettica tra la necessaria distinzione delle realtà e la separazione innaturale di ciò che, solo unito, costituisce l'umano. Mettendo in chiaro le istanze irrinunciabili della nostra fede, egli procede ad analizzare quella realtà, irriducibile alle sue singole parti, che è il soprannaturale nell'uomo.

Ruini, sulla scia di san Tommaso, mostra che essendo gli atti della nostra intelligenza in grado di cogliere ciò che è universale e necessario, questi non dipendono intrinsecamente dalla materia fisica. Quindi se gli atti sono immateriali tale sarà anche la forma sostanziale dell'uomo, cioè l'anima razionale che è principio determinante del nostro essere[42]. Il poter riflettere sulla propria autocoscienza e farla oggetto di conoscenza riflessa è la strada maestra, necessaria ma non sufficiente, come vedremo nei capitoli successivi, per la quale san Tommaso ha ritenuto di poter accertare l'immaterialità o la spiritualità dell'anima umana e di conseguenza la sua immortalità[43]. Si apre necessariamente qui uno spiraglio sul mistero della morte vista nella chiave della fede cristiana: cosa succede all'anima dall'istante successivo alla cessazione delle funzioni fisiologiche del corpo? Come conciliare la speranza cristiana della vittoria sulla morte con la prospettiva di un decesso inesorabile? Cosa significa la promessa della risurrezione della carne per tutti i credenti in Cristo? Il Catechismo della Chiesa cattolica definisce la separazione dell'anima dal corpo come un sinonimo della stessa

[41] RUINI, *L'anima e la sua immortalità*, 282.
[42] Cfr. RUINI, *C'è un dopo?*, 66.
[43] Cfr. *ivi*, 65.

morte umana[44]: nella morte quell'unità vivente che è l'uomo si dissolve[45] e in quest'ulteriore aspetto si conferma il concetto che la separazione tra anima e corpo non è conciliabile con la definizione cristiana di vita umana ma è legata al mistero del "transito". Termine quest'ultimo che dice della morte sia il suo aspetto di ingresso in un nuovo stadio dell'esistenza sia il suo stato transitorio a motivo della fede nella risurrezione della carne. In questo senso Ruini afferma che «l'immortalità dell'anima è indispensabile perché la risurrezione abbia un senso: se non ci fosse, infatti, qualcosa di me che permane al di là della morte, la risurrezione sarebbe una nuova creazione, che non avrebbe con me alcun rapporto. L'immortalità dell'anima non è dunque solo una tesi filosofica, ma sembra essere un'esigenza interna del cristianesimo»[46].

Nella speculazione successiva al periodo scolastico il concetto di immortalità dell'anima e della sua sussistenza nel periodo che intercorre tra la morte del singolo e il giudizio universale finale, viene messo in crisi in seno alla contestazione della teologia protestante che ritenne la dottrina della sussistenza di un'anima immortale[47], perché immateriale, come un pericolo che potesse mettere in ombra addirittura la fede nella risurrezione dell'uomo. In seguito a queste posizioni che generarono una ancor più profonda rottura nella società cristiana, ormai già nel XX secolo, alcuni teologi sia protestanti che cattolici cercheranno di trovare una sorta di compromesso, cercando di salvare un dato scritturistico comunque ineliminabile con il pregiudizio che davvero possa esserci una sorta di inconciliabilità tra immortalità e risurrezione [48]. Secondo il teologo protestante Oscar Cullmann, autore di *Immortalità dell'anima o risurrezione?*, lo stato intermedio fra la morte e la risurrezione del corpo è caratterizzato da un periodo di una sorta di sonno incosciente, in cui gli "addormentati" aspettano la resurrezione finale. Cullmann inoltre nel suo libro afferma, in linea con la stessa polemica iniziata da Lutero e con simili argomenti, che la dottrina dell'immortalità dell'anima risalirebbe solo al II secolo e che sarebbe una derivazione di una dottrina ellenistica presa a prestito dalla filosofia cristiana:

> «[esiste] una differenza radicale fra l'attesa cristiana della risurrezione dei morti e la credenza greca nell'immortalità dell'anima. [...] Se poi il cristianesimo successivo ha stabilito, più tardi, un legame fra le due credenze e se il cristiano medio oggi le confonde bellamente fra loro, ciò non ci è parsa sufficiente ragione per tacere su un punto che, con la maggioranza degli esegeti, consideriamo come la verità. [...] Tutta la vita e tutto il

[44] «Per risuscitare con Cristo, bisogna morire con Cristo, bisogna andare in esilio dal corpo e abitare presso il Signore. In questo essere sciolto che è la morte, l'anima viene separata dal corpo. Essa sarà riunita al suo corpo il giorno della risurrezione dei morti» (*CCC* 1005).
[45] Cfr. RUINI, *C'è un dopo?*, 35.
[46] RUINI, *L'anima e la sua immortalità*, 281.
[47] «In alcuni passi (*Fil* 1, 21-26; *Lc* 23, 42-43) del Nuovo Testamento è però affermato chiaramente il nostro essere con Cristo subito dopo la morte»: *ivi*, 278.
[48] Cfr. RUINI, *C'è un dopo?*, 115.

pensiero del Nuovo Testamento [sono] dominati dalla fede nella risurrezione. [...] L'uomo intero, che era davvero morto, è richiamato alla vita da un nuovo atto creatore di Dio»[49].

Che ci stiamo trovando di fronte all'interpretazione piuttosto forzata di un dato storico e filosofico non ben dimostrato, lo svelerà la critica acuta di Joseph Ratzinger nell'ultimo capitolo di questa tesi. Certo è che queste posizioni, pur poggiando su fragili basi storiche e filosofiche, hanno generato un profondo pregiudizio nei confronti del connubio tra la fede cristiana e la filosofia greca; un pregiudizio che dura fino ai giorni nostri. Di fronte a queste provocazioni rimane quindi viva la sfida di spiegare il dato di fede sulla sopravvivenza dell'anima per dare un logico fondamento alla possibilità della risurrezione, base portante della speranza cristiana: «il cristianesimo ha espresso in due modi la convinzione della nostra esistenza oltre la morte: principalmente con la risurrezione dei morti e secondariamente con l'immortalità dell'anima; [...] tra esse esiste complementarietà e interdipendenza»[50].

Nello sguardo globale della storia cristiana abbiamo una fede ben radicata[51] nella dottrina sull'immortalità dell'anima che si esprime sia nella "informazione" della materia[52] a cui è unita, sia nella temporanea sussistenza oltre la morte corporale come sostanza spirituale[53] separata. Questo dato della fede ecclesiale si fonda su di una radice biblica chiara sin dalle origini del pensiero cristiano:

> «A loro volta i Padri riconoscono, quasi unanimemente, che tra la morte e la risurrezione la nostra esistenza non si interrompe: l'anima è l'elemento che sopravvive. Piuttosto che come "immortale" – termine da riservarsi solo a Dio – l'anima è qualificata come "incorruttibile", non tanto per natura quanto per dono di Dio. Sant'Agostino perviene a un concetto chiaro dell'immaterialità dell'anima e quindi della sua intrinseca immortalità. [...] Tommaso d'Aquino opera un riequilibrio affermando, come ho già accennato, che l'anima è sì immateriale e immortale, ma è uno dei due principi di quell'unico essere che è l'uomo. Perciò l'anima separata dal corpo si trova in una condizione innaturale e rimane essenzialmente orientata all'unione con il corpo. L'uomo giunge quindi al suo pieno compimento soltanto nella risurrezione»[54].

---

[49] Sono vari estratti mantenuti nel loro contesto globale, presi da: O. CULLMANN, *Immortalità dell'anima o risurrezione dei morti*, Paideia, Brescia 1970.
[50] RUINI, *C'è un dopo?*, 111.
[51] «Essa [l'anima] è immortale proprio perché partecipa della natura stessa di Dio e non può avere fine, giacchè la decisione di Dio di creare l'uomo per chiamarlo alla comunione con sé è per sempre ed irrevocabile: in questo senso l'affermazione dell'immortalità dell'anima trova la sua ragion d'essere nella definitività del disegno salvifico di Dio»: SCOLA, *La persona umana*, 171.
[52] «San Tommaso nel *Sentencia de anima* afferma che non è il corpo che contiene l'anima, ma piuttosto è l'anima che contiene il corpo»: P. PAGANI, *Sulla attualità del concetto di anima*, in *Aquinas* 56 (2013), 437.
[53] «San Tommaso parla di anima come sostanza spirituale in quanto oltrepassa la materia corporale, potendo per sé sussistere ed operare, al contempo è assunta dalla materia e mette il suo essere in comune con essa diventando forma del corpo»: VACCARO, *Neurofilosofia*, 220.
[54] RUINI, *L'anima e la sua immortalità*, 278.

1.2 IL CONTRIBUTO DELLE SCIENZE NATURALI

Nella rassegna che opera il nostro autore riguardo al contributo della moderna ricerca scientifica, abbiamo la possibilità di analizzare le varie branche della scienza sperimentale che si sono occupate di indagare il mistero dell'anima, visto soprattutto come un campo di indagine per il rapporto mente-corpo[55]. Il problema è che purtroppo, sin troppo spesso, quest'ultimo si traduce e si riduce in un semplice rapporto di tipo cervello-corpo[56]. L'argomento principale usato da quei riduzionisti che operano una diretta corrispondenza tra mente e cervello è la cosiddetta chiusura del mondo fisico che deriva dal principio di conservazione dell'energia[57], che escluderebbe ogni possibile interazione tra ciò che è fisico e ciò che è mentale. La mente quindi si ridurrebbe ad essere solo un epifenomeno del cervello, in contraddizione con l'esperienza dell'intenzionalità, secondo gli studi del Brentano e di Husserl, che è una caratteristica essenziale degli atti mentali che sono diretti ad oggetti diversi da loro[58]. In effetti anche tra gli scienziati riduzionisti come Quine si riconosce che tra il mentale e il fisico esiste una profonda differenza concettuale e fenomenologica anche se ciò non dovesse implicare necessariamente che sia reale o ontologica[59]. Qualunque sia la posizione dello scienziato in questione, è dato ormai certo e condiviso che l'intenzionalità non può essere espressa in termini biologici[60] o neurologici ma soltanto in termini mentali, di qualsiasi natura essi possano essere.

Nell'ambito delle scienze cognitive invece prevale la tendenza a ridurre il mentale al materiale[61], sebbene si cerchi di evitare il materialismo perché ormai anche la fisica

[55] Per una trattazione completa sul dibattito mente-corpo, sia in chiave teologica che in chiave scientifica, vedi: G. BASTI, *il problema mente-corpo*, in *Corpo e anima. Necessità della metafisica*, Annuario di filosofia 2000, Mondadori, Milano 2000.

[56] «La mente non può dunque identificarsi con il cervello e le sue operazioni, sebbene la prima interagisca strettamente con il secondo. È l'io a possedere il cervello e non viceversa»: P. O'CALLAGHAN, *"anima"*, In: *Dizionario Interdisciplinare di Scienza e Fede*, a cura di G.TANZELLA NITTI, Urbaniana University Press, Roma 2002, 97; per approfondire questa problematica, in senso prettamente scientifico, vedi: A. NOË, *Perché non siamo il nostro cervello. Una teoria radicale della conoscenza*, Cortina, Milano 2010.

[57] Ovviamente non solo i riduzionisti usano il principio di conservazione dell'energia, perché non c'è incoerenza fra il principio di conservazione d'energia e l'esistenza e l'azione delle cause immateriali come l'anima. San Tommaso con la dottrina dell'anima come forma mostra che l'anima non viola nessuno principio fisico, perché appunto essa non appartiene all'ordine delle cause materiali. I riduzionisti operano invece una diretta corrispondenza e la chiusura causale del mondo fisico.

[58] Studi riportati nel libro: Cfr. RUINI, *C'è un dopo?*, 62.

[59] Citato nel libro: Cfr. *ibidem*.

[60] Bisogna comunque ricordare che ci sono tutt'ora in atto degli studi che cercano di "fisiologizzare" l'intenzionalità, le relazioni sociali e l'origine dei concetti matematici nella mente umana.

[61] Per quanto alcuni autori affermino che: «in ambito scientifico la contrapposizione tra materia e mente è stata abbandonata da tempo e sopravive solo nella filosofia poggiante su concetti essiccati e disincarnati»: VACCARO, *Neurofilosofia*, 215.

presuppone l'esistenza di entità che non sono propriamente materiali[62], come i campi gravitazionali o elettromagnetici; perciò si parla di fisico nel senso di "fisicalismo"[63]. Il principio del fisicalismo, per cui tutto ciò che esiste è descrivibile in termini fisici, è solamente un postulato non dimostrabile e senza una petizione di principio, ovvero nessuna equazione o esperimento può provarlo[64], ma solo una sorta di atto di fede "fisicalista"[65] lo può giustificare. Il criterio metodologico della scienza fisica dovrebbe essere quello di circoscrivere la propria indagine all'ambito oggettivo: non si può quindi passare dal piano metodologico a quello ontologico[66]. In quel tipo di naturalismo che pretenda di essere non solo metodologico ma ontologico e secondo il quale esisterebbe solo l'universo chimico-fisico, non può esserci certo più spazio per un'anima spirituale e tantomeno per la sua immortalità[67], ma si perde così anche la base logica dell'epistemologia che permette al pensiero scientifico di essere universale e oggettivo e di conseguenza aperto anche all'esistenza dell'incalcolabile.

Affrontare tutto il problema della confutazione dell'ingerenza di un certo tipo di pensiero sperimentale nelle questioni universali che sfuggono all'analisi della tecnologia sarebbe troppo impegnativo in questo nostro ambito, basterà però rifarci alle moderne acquisizioni in campo matematico e logico, in particolare ai teoremi di incompletezza di Goedel[68], i quali dimostrano che nessun sistema formale può essere completo in se stesso ma ha bisogno di un fondamento esterno ad esso. Grazie a questi risultati abbiamo una prova[69] matematica formale che all'interno del nostro sistema fisico, in cui tutta la nostra esperienza sensibile è immersa, non solo non possiamo trovare il fondamento della nostra realtà ma che anzi esso dev'essere necessariamente esterno ad essa. A buona ragione possiamo chiamarlo

---

[62] Il nostro autore intende dire qui che la fisica non riesce a spiegare la natura dei processi naturali-materiali solo usando le categorie della materia: cfr. RUINI, *C'è un dopo?,* 60-1.

[63] *Ibidem.*

[64] Cfr. *ivi,* 62.

[65] «Il manifesto della neuro filosofia è incentrato sulla fede di riuscire a spiegare il sentimentale tramite la chimica, le qualità morali e personologiche tramite la neurologia, lo spirituale tramite la fisica. Nel corso del tempo tale procedura ha dimostrato limiti sempre più marcati da costringere i neuro filosofi alla migrazione nel territorio oltre confine rappresentato dalla comprensione olistica. [...] Il riduzionismo attualmente è scivolato a bandiera di un residuo oltranzista di minoranza»: VACCARO, *Neurofilosofia* , 211.

[66] Cfr. RUINI, *C'è un dopo?,* 63. Per un'esposizione più ampia sul problema epistemologico delle sovrapposizioni tra la scienza sperimentale e la filosofia, vedi: B. MONDIN, *Epistemologia e cosmologia*, ESD, Bologna 1999, 74-85.

[67] Cfr. RUINI, *C'è un dopo?,* 61.

[68] «Secondo le implicazioni del teorema di Goedel sull'indecibilità, si conclude che la mente umana non è essenzialmente un sistema di calcolo, se non può esistere un sistema formale che sia insieme corretto e completo, l'uomo è in grado di correggere la completezza con l'intuitività e la macchina no»: PAGANI, *Sulla attualità del concetto di anima*, 436.

[69] Ovviamente non si tratta di una prova dell'esistenza dell'anima ma della ragionevolezza e della necessità formale di un principio logico simile. Il passaggio diretto dal campo logico a quello ontologico è sempre rischioso.

un fondamento *meta*-fisico, che va oltre-il-fisico[70]. Inoltre grazie a tutta la branca della complessa scienza del linguaggio sappiamo ora che, anche se in tempi piuttosto recenti si poteva ingenuamente[71] supporre che la razionalità umana potesse essere sintetizzata in processi computazionali e quindi in algoritmi riproducibili di linguaggi-macchina, i linguaggi formali devono necessariamente rinviare ai linguaggi naturali. La razionalità umana resta quindi inspiegabile se si rimane all'interno del sistema fisico di causa-effetto perché va tenuta presente la profonda differenza tra conoscenza ed informazione[72].

Dobbiamo chiederci inoltre quale sia il fattore che rende possibile la discontinuità dell'uomo rispetto agli animali, perché è assolutamente evidente al di là di ogni ragionevole dubbio, lo scarto esistente tra il mondo umano con la sua autocoscienza e razionalità e tutto il mondo animale. Questo scarto e questo fattore di discontinuità non possiamo trovarlo a livello chimico-fisico, che è un livello comune a tutti gli esseri viventi, ma può essere individuato solo in una ragione trascendente che sia all'origine della natura stessa[73]. Il senso comune di oggi è dominato dall'immagine dello Zarathustra di Nietzsche, ormai nel pieno XXI secolo, per cui l'uomo sarebbe un ponte tra la scimmia e l'oltre-uomo, configurato solo come macchina computazionale. L'uomo giunge a considerare se stesso come epifenomeno della scimmia e ipofenomeno dell'"intelligenza artificiale forte"[74]. Si impone così nell'epoca contemporanea una sorta di forzatura "fisiologica" all'analisi speculativa filosofica e parlando dell'intimo dell'intelletto umano si arriva a definire una nuova improbabile disciplina, compromesso tra ricerca medica e filosofia: la neuro-filosofia. È sembrato vincente lo spostamento del campo di indagine della filosofia da un terreno concettuale, troppo arduo da gestire senza più categorie metafisiche, ad un terreno fisiologico, in cui le analisi teoriche potevano essere confortate da dati sperimentali scientificamente verificabili. L'impressione però che la neuro-filosofia potesse essere davvero il trionfo della nuova ondata riduzionista e materialista è risultata infondata[75].

Il cosiddetto darwinismo neuronale di Edelman e Tononi, che prende le mosse dalle caratteristiche neuro-anatomiche e dinamiche neuronali del cervello e che si ispira ad una sorta di compromesso tra scienza naturale e filosofia, afferma che il grado di interconnessione del cervello umano è tale che nessun congegno umano potrebbe mai uguagliarlo. Non

---

[70] RUINI, *C'è un dopo?,* 61.

[71] «Come dal funzionamento dei neuroni cerebrali tragga origine l'attività mentale è probabilmente il più grande mistero della natura»: *ivi*, 64.

[72] Cfr. PAGANI, *Sulla attualità del concetto di anima*, 436.

[73] Cfr. RUINI, *C'è un dopo?,* 58.

[74] *Strong AI*, basata sull'assunto per cui la mente starebbe al cervello come il software sta all'hardware di un calcolatore. L'intelligenza artificiale debole intende il computer come strumento utile per simulare la mente e non per esserne il paradigma. Cfr. PAGANI, *Sulla attualità del concetto di anima*, 426.

[75] Cfr. VACCARO, *Neurofilosofia,* 208.

esistono due cervelli identici neanche tra i gemelli e le sue connessioni non "esatte" sfidano quei modelli neuronali che si rifanno alla logica computazionale[76]. La teoria del darwinismo neuronale cerca di spiegare i meccanismi complessi del cervello ma restano aperte le questioni circa la qualità dell'esperienza cosciente, ossia la possibilità di esprimersi in forme altamente differenziate[77]. Possiamo affermare che sul campo di indagine dove si intersecano le nuove prospettive filosofiche contemporanee e le scienze naturali, un connubio e allo stesso tempo un contrasto che caratterizza il nostro tempo, possiamo verificare sicuramente i limiti della tendenza al riduzionismo:

> «L'approccio empirista basato sulla riduzione epistemologica del discorso intenzionale[78] a quello osservativo di tipo neurofisiologico risulta infondato, in quanto non è possibile estendere ed identificare l'analisi fisiologica alla dimensione soggettiva. Pertanto l'essere vivente è il risultato di un unico atto di essere che compete all'essenza e che solo conseguentemente implica la capacità di esercitare funzioni»[79].

Nel tempo è cresciuta quindi l'esigenza, per studiare i fenomeni mentali, di unire al metodo scientifico una particolare indagine filosofica che li colga anche nella loro irriducibile dimensione soggettiva[80]. Questa scelta di metodo implica e presuppone che per studiare tutto il complesso delle attività intellettive umane, così profondamente connesse e diversificate, è necessario allargare lo sguardo anche ad elementi che sono analizzabili solo nella loro interconnessione e che necessariamente sfuggono al sistema del "microscopio"[81]. Il cosiddetto approccio sistemico è stato scelto in particolare dal nostro autore per il fatto che, sia teoreticamente che esperienzialmente, si evidenzia che un sistema è ben più della somma delle sue parti e possiede quindi delle proprietà che le sue parti da sole non possiedono[82]. L'analisi di tutta la razionalità umana quindi non può essere ridotta al sommarsi delle analisi delle singole parti che ne sono coinvolte o al limite ad una loro interpolazione; lo stesso san Tommaso affermava: «unde videmus quod forma mixti corporis habet aliquam operationem quae non causatur ex qualitatibus elementaribus[83]» (*ST* p. I, q. 76, a. 1).

Viene meno quindi quel precetto cartesiano secondo il quale per conoscere qualcosa è necessario e sufficiente ridurlo ai suoi componenti semplici; tra l'altro questo metodo è

---

[76] Studio riportato nell'articolo di D'Onghia: Cfr. D'ONGHIA, *L'anima è il nostro cervello?*, 156.
[77] Cfr. *ivi*, 162.
[78] Da notare l'importanza dell'intenzionalità come qualità propria della coscienza: l'io è fondamentalmente intenzionale. Cfr. PAGANI, *Sulla attualità del concetto di anima*, 428.
[79] D'ONGHIA, *L'anima è il nostro cervello?*, 169.
[80] Cfr. *ibidem*.
[81] Per approfondire filosoficamente il tema della complessità nella composizione della sostanza corporea, vedi: MONDIN, *Epistemologia e cosmologia*, 126-7.
[82] Cfr. *ibidem*.
[83] *vediamo infatti che la forma del corpo misto ha un'operazione che non è causata dalle qualità degli elementi componenti.*

risultato sempre incapace di spiegare alcuni fenomeni, soprattutto quelli detti della complessità [84] : «Non sempre è possibile trovare il segreto dei fenomeni complessi scomponendoli e analizzando le particelle, tantomeno quando si tratta di fenomeni peculiarmente umani. Paradossalmente, riducendo ai loro costituenti elementari fenomeni o entità complesse, viene distrutta proprio quella relazione che realizza l'essenza dell'insieme»[85]. Ci troviamo di fronte alla prova della complessità irriducibile della realtà, qualcosa che principalmente riguarda il mistero umano, ma non solo questo. La realtà stessa sfugge alla riduzione particellare e scopriamo di non essere parte di una sorta di mondo fatto a "mattoncini":

> «Quando un ente del mesocosmo (uomo) ha caratteristiche (non peso o altezza, ma pensiero e comportamento) che i suoi costituenti (cellule) non posseggono e i suoi costituenti (cellule) sono a loro volta costituiti da microstrutture rette da leggi totalmente differenti (meccanica quantistica), e quando ancora subentrano nell'interazione elementi come storia, educazione ed ambiente, allora ricondurre l'insieme alla logica delle scienze esatte è senza speranza»[86].

1.3 I CAMBIAMENTI FILOSOFICI

In prima istanza vediamo quindi l'anima come parte costitutiva dell'uomo, la sua *forma substantialis*. La conquista filosofica che sta alla base di questa definizione è un momento di sintesi tra ingegno umano e ispirazione divina, che permette di giustificare ciò che gli uomini sono riusciti a concepire rispetto alla conoscenza della propria natura e di dare una ragione della speranza dell'annuncio cristiano e della sapienza biblica. In più la definizione di forma sostanziale per l'anima innalza anche lo stesso corpo ad una dignità che addirittura supera la sua stessa natura. Il corpo umano è conformato ad un'entità incorruttibile e perciò immortale. Analizzando l'opera dell'Aquinate, Ruini afferma che:

> «Tommaso d'Aquino ha avuto qui un ruolo centrale: per lui infatti l'anima umana non è solo immateriale e quindi immortale ma è anche costitutivamente relativa al corpo, essendo la sua forma sostanziale. Viene salvaguardata in tal modo l'unità del soggetto umano, ugualmente essenziale per il cristianesimo. Non per caso la crisi dell'idea di anima è stata preparata dal dualismo di Cartesio, che divideva l'anima dal corpo»[87].

---

[84] Cfr. MONDIN, *Epistemologia e cosmologia,* 127.
[85] VACCARO, *Neurofilosofia* , 211.
[86] *ibidem.*
[87] RUINI, *L'anima e la sua immortalità,* 277.

Con questo passaggio è stata introdotta la problematica del dualismo tra anima e corpo, problematica sicuramente presente sin dai tempi della filosofia classica soprattutto nei sistemi pitagorici e platonici, che è necessario affrontare con chiarezza per evitare fonti di confusione e di errore. Molti detrattori della dottrina sulla sostanza spirituale per l'anima umana mettono in contrapposizione un presunto concetto biblico di uomo, che sarebbe rigidamente unitario o monistico, col modello della filosofia greca che presenterebbe invece un modello rigidamente dualistico, dove il corpo sarebbe un semplice contenitore per l'anima immortale. Per questi detrattori la neonata filosofia cristiana avrebbe adottato sostanzialmente il modello dualistico adattandolo alle esigenze escatologiche. In particolare, a partire dalla modernità, vennero addossate le maggiori responsabilità di questa presunta e indebita adozione alla società ecclesiale del periodo della scolastica e al sistema tomistico in particolare. Dall'estratto del testo di Ruini capiamo però che questo problema, fonte di profonde discordie, non è propriamente patrimonio della riflessione cristiana medievale, ma l'intrusione di un cambio di prospettive nella filosofia occidentale, in particolare dovuta al pensiero di Cartesio nel XVII secolo, con le nozioni irrimediabilmente separate tra loro di *res estensa* e *res cogitans*[88]; ovvero la separazione tra un mondo materiale ed uno spirituale in luogo di una naturale distinzione tra immanente e trascendente nell'unico creato[89]. Questa rigida separazione tra l'immateriale e il materiale iniziata con Cartesio, da inizio al dualismo moderno tra anima e corpo che ha contribuito a costruire un'ontologia esclusivamente materialista che avrebbe reso incomprensibile ogni interazione tra il mentale e il fisico[90]. Questo, filosoficamente, è solo uno degli inizi di una fase di decadenza nel pensiero metafisico occidentale che avrà ulteriori fasi, sempre più accentuate, in filosofi come Hume[91] e Kant[92], nel secolo successivo. Interessante è la concezione di Immanuel Kant, di fede luterana e sensibilmente lontano dalle categorie metafisiche, secondo la quale l'immortalità dell'anima costituisce il secondo postulato della ragion pratica[93]. L'immortalità personale dell'anima umana sarebbe implicata cioè nell'obbligo morale di realizzare perfettamente il bene e questa non è una dimostrazione razionale ma un postulato da accogliere con fede razionale affinché l'azione morale sia

---

[88] «La *res cogitans* si libera del corpo e del mondo e si rende totalmente autonomo in virtù della concezione meccanicistica»: D'ONGHIA, *L'anima è il nostro cervello?*, 153.

[89] «Anche il Concilio ecumenico di Vienne, nel 1312, sembra definire l'unità immediata ed essenziale dei due principi costitutivi dell'uomo, l'anima razionale e il corpo»: RUINI, *L'anima e la sua immortalità,* 278.

[90] RUINI, *C'è un dopo?,* 63.

[91] «Con Hume l'anima è detta mente e viene meno la convinzione che ogni soggetto possiede un io sostanziale, unitario e continuo»: D'ONGHIA, *L'anima è il nostro cervello?,* 154.

[92] Per un'analisi più accurata dell'influenza di Hume e Kant a riguardo, con le conseguenti conclusioni della moderna teologia, rimando a: K. HUXEL, *Unsterblichkeit der Seele versus Ganztodthese? Ein Grundproblem christlicher Eschatologie in ökumenischer Perspektive,* in *Neue Zeitschrift für Systematische Theologie und Religionsphilosophie* 48(2006), 341-366.

[93] «Immanel Kant ritiene l'immortalità dell'anima, insieme alla libertà del volere e all'esistenza di Dio, un postulato della ragion pratica, non dimostrabile ma fondato sull'assolutezza del dovere morale»: RUINI, *C'è un dopo?,* 142.

possibile[94]. C'è da dire comunque che la parola anima assunse il riferimento esclusivo all'anima dell'uomo da Cartesio in poi, prima infatti indicava la forma sostanziale di ogni essere vivente, dalle piante agli animali agli uomini; nella struttura aristotelica e poi tomista infatti l'anima si distingueva in vegetativa, sensitiva e razionale[95], e tutto il discorso sulla componente spirituale dell'uomo faceva appunto riferimento alla capacità razionale ed intellettuale che rende assolutamente originale la creatura uomo nel contesto del mondo fisico.

Come già accennato in vari passaggi, la struttura aristotelico-tomista conosce quindi una critica radicale sia con l'avvento del protestantesimo che con il successivo metodo cartesiano che in qualche modo ripropone un dualismo radicale e originale che poteva richiamare quello di stampo gnostico agli inizi del cristianesimo. Aristotele stesso infatti aveva già superato la forma del dualismo platonico[96] e il pensiero occidentale, avviandosi gradatamente già prima della conclusione del primo millennio all'accoglienza delle categorie aristoteliche, si è era reso definitivamente immune da questo malinteso.

1.4 LA SOGLIA DELLA MORTE

Il nostro autore affronta infine una tematica che ha un certo riscontro nell'interesse pubblico generale ma è ancora da approfondire, ovvero quella delle esperienze di morte imminente, le NDE (*Near Death Experiences*)[97]. Una necessaria premessa ci obbliga a dire che il cristianesimo è la religione che fra tutte attribuisce la più grande centralità alla vittoria sulla morte[98] e i testi neotestamentari «implicano sicuramente che la sostanza della salvezza possa essere conseguita subito dopo la morte»[99] anche se per tutto il primo millennio e oltre, dibattiti e controversie su quel "subito dopo" non sono comunque mai mancate in seno alla comunità dei credenti[100] e si sono concluse con le necessarie e vincolanti dichiarazioni della

[94] Cfr. RUINI, *C'è un dopo?*, 36.
[95] Cfr. *ivi*, 64.
[96] Cfr. *ivi*, 63.
[97] Cfr. *ivi*, 45.
[98] Cfr. *ivi*, 71.
[99] *Ivi*, 99.
[100] San Tommaso riporta alcuni passaggi di sant'Agostino: «"Neque enim video cur habeat anima similitudinem corporis sui, cum, iacente sine sensu corpore, nondum tamen penitus mortuo, videt talia qualia multi ex illa subductione vivis redditi narraverunt, et non habeat cum perfecta morte penitus de corpore exierit". Non enim potest hoc intelligi quod anima similitudinem corporis habeat, nisi secundum quod eam inspicit. Unde praemisit de iacentibus sine sensu quod "gerunt quandam similitudinem corporis sui, per quam possunt ad loca corporalia ferri, et talia, qualia vident, similitudinibus sensuum experiri"» (*ST* p. III supplementum, q. 70, a. 2). "*Non vedo infatti perché la mia anima debba avere l'immagine del suo corpo, mentre il corpo giace privo di sensi ma non morto, e veda quelle cose che molti tornati ai sensi ci hanno raccontato, e non l'abbia invece quando sarà uscita completamente dal corpo". Però l'anima non può avere l'immagine del corpo se non in quanto la vede: per cui a proposito di quelli che rimangono privi dei sensi scrive che "hanno una certa immagine rappresentativa del*

costituzione *Benedictus Deus*, emanata da papa Benedetto XII il 29 gennaio 1336. Pronunciamento dogmatico questo, su cui necessariamente torneremo più volte nel corso di questo trattato, riassumibile in questi termini: le anime di tutti i santi, compresi quelli vissuti prima di Cristo, e quelle che hanno avuto necessità di essere purificate, sono accolte in Cielo con Cristo già prima del giudizio finale mentre al contrario le anime di coloro che muoiono nel peccato mortale, subito dopo la morte scendono all'inferno[101]. Le espressioni usate dalla dichiarazione sono marcatamente spaziali e temporali ma dicono chiaramente che subito dopo la morte si entra nella nostra condizione definitiva, cioè essere con Cristo o perderlo per sempre. In questo senso si capisce bene che le NDE possono essere facilmente esperienze del morire ma non necessariamente della vita oltre la morte[102]. Esse si riscontrano usualmente in condizioni di arresto cardiaco ed encefalogramma piatto; il soggetto che fa esperienza di questa condizione in genere scopre di possedere un "altro corpo", molto diverso dal corpo fisico che ha appena abbandonato e si sente dotato di facoltà nuove e generalmente gli appare un essere di luce, «uno spirito di amore che prima non aveva mai conosciuto»[103]. Possono inoltre comparire anche visioni di animali infernali e si riscontrano significative somiglianze con visioni mistiche come quelle che sono descritte da sante come Caterina da Siena o Ildegarda di Bingen. Data la quantità delle testimonianze e la trasversalità spaziale e temporale del campione statistico, non sembra che i fenomeni descritti possano essere messi in dubbio[104].

Nell'affrontare simili sfide intellettuali, che rendono necessarie indagini più approfondite dei fondamenti veritativi, i quali non possono certo fondarsi sui soli dati sensibili, il cardinal Ruini evidenzia una strana convergenza tra la filosofia post-metafisica dell'Europa e la teologia negativa di tradizione asiatica, caratterizzate da un relativismo e uno scetticismo di fondo[105] che non contribuiscono ad un sereno confronto con le istanze della filosofia cristiana anche quando si intravedono, anche su argomenti di questo genere, punti di possibile contatto[106].

---

proprio corpo, per mezzo della quale possono vagare attraverso i luoghi e sperimentare le realtà visibili attraverso le immagini dei sensi".

[101] Cfr. RUINI, *C'è un dopo?,* 100.

[102] Cfr. *ivi*, 47.

[103] *Ivi,* 45.

[104] Cfr. *ivi,* 46.

[105] Cfr. *ivi,* 52.

[106] Patrick Theillier, per oltre dieci anni a capo dell'ufficio delle constatazioni mediche del santuario di Lourdes, ha raccolto e riportato numerosi casi concreti avvenuti nel mondo ed analizzati da diverse squadre di ricercatori, credenti ed atei di tutte le nazionalità, che confermano la ragionevolezza e la grande probabilità di una comune realtà soprannaturale. Per approfondire vedi: P. THEILLIER, *Quando la mia anima uscì dal corpo. Un medico di Lourdes racconta le esperienze di pre-morte,* San Paolo, Cinisello Balsamo 2017.

CAPITOLO SECONDO

2. IL CONCETTO TRADIZIONALE DI ANIMA

2.1 LA SACRA SCRITTURA

2.1.1 ANTICO TESTAMENTO

Il luogo di partenza del concetto ebraico di anima[107] non può essere che il termine *nefesh*, ovvero gola (cfr. *Pr* 28,25), respiro (cfr. *2Sam* 16,11) e in senso traslato vita[108]. *Nefesh* è anche indicato come il principio vitale di una persona (cfr. *Gen* 12, 13 e *Nm* 23, 10) e metaforicamente associato anche a Dio (cfr. *Ger* 6, 8). Nei trattati di mistica ebraici, il libro della *Qabbalah* e il libro dello *Zohar*, l'anima è vista come un composto fatto da tre elementi basilari: *nefesh*, *ru'ah*, e *neshamah*. Il fatto che per indicare un concetto immateriale come la forza vitale vengano usati vari termini che indicano una realtà composita e comunque anche legata alla realtà divina, ci consegna l'idea che il popolo biblico aveva un'altissima considerazione dell'elemento umano, già composto di un *quid* divino. Per quanto riguarda la realtà dell'anima:

> «Il concetto di immortalità è chiaramente ammesso e anzi marcato con consapevole evidenza. Se nel libro della Sapienza è su di un metro di natura piuttosto etica, nel secondo libro dei Maccabei è legato ad una convinzione di fede a sfondo escatologico. Nel libro della Sapienza l'immortalità dell'anima è legata all'idea della sorte della creatura, in quello dei Maccabei è legata alla resurrezione»[109].

[107] Ove non specificato diversamente in questo sotto-paragrafo dedicato all'Antico Testamento, si rimanda tutto alle seguenti trattazioni: H. SEEBASS, *"nefeš"*, In: *Grande Lessico dell'Antico Testamento* (V), G. Botterweck – H. Ringgren, Paideia, Brescia 1988, 955-983; H. LAMBERTY-ZIELINSKI, *"nešāmâ"*, In: *ivi,* 1115-1117; S. TENGSTROEM, *"rûăh"*, In: *ivi* (VIII), 2354-2370.
[108] Cfr. VACCARO, *Neurofilosofia*, 217.
[109] SCIACCA, *L'anima*, 14.

2.1.1.1 Nefesh

Il primo termine, *nefesh*, fa riferimento ad un qualcosa che si trova in tutti gli uomini, ed entra nel corpo fisico al momento della nascita: «Dio soffia un alito di vita nell'uomo e questi diventa anima vivente» (*Gen* 2, 7)[110]. *Nefesh* è un nome comune di origine semitica e probabilmente deriva da una radice verbale; la sua comprensione dipende più dal suo uso effettivo e si può rinunciare a comparazioni minuziose all'interno della grammatica semitica, notoriamente scarna, anche se può essere interessante l'analisi con l'uso di altre lingue mediorientali. Nelle concezioni egiziane l'anima poteva essere considerata come un "doppio" dell'uomo e allo stesso tempo la sua energia vitale e alimento; alla morte abbandonava il corpo in forma d'uccello. Come sostantivo femminile poteva indicare la parte interna di un tessuto ma come già accennato è anche la parte inferiore o alla base delle "funzioni animali" dell'anima. Si riferisce quindi agli istinti e funzioni vitali ed è all'origine della natura fisica e psicologica dell'uomo. Il sostantivo *nefesh* si trova nell'Antico Testamento 754 volte, distribuito omogeneamente in tutti i libri. In definitiva è un termine autenticamente antropologico in questo senso paragonabile solo al termine *basar*.

Nefesh non significa propriamente né spirito né pensiero, ma piuttosto gioia e forza che si oppone alla morte. Il suo significato fondamentale concreto è perlopiù faringe, gola o cavo orale intesi come organi legati alla respirazione e all'alimentazione. L'associazione infatti tra respiro e vita individuale era un dato acquisito dalla cultura veterotestamentaria. Anche nel significato di desiderio e brama, la *nefesh* è qualcosa che peculiarmente appartiene all'uomo ma può anche significare un desiderio e una brama indirizzata verso Dio stesso che è la vita per antonomasia. Il rapporto tra *nefesh* e sangue è molto forte, all'interno di quella visione profondamente armonica tra realtà spirituale e materiale, come si evince dal dato biblico e basterà pensare ai passaggi nel libro del Levitico: «Poiché la vita della carne è nel sangue» (*Lv* 17, 11) e nel Deuteronomio: «Il sangue è l'anima vivente» (*Dt* 12, 23)[111].

Infine si deve far notare che *nefesh* non indica semplicemente vita ma indica l'individualizzazione della vita come questa di fatto si presenta. La *nefesh* è il soggetto della speranza e dell'attesa di Dio (cfr. *Sal* 33, 20; 130, 5; *Lam* 3, 25). Non solo quando denota il sé vitale è evidente che l'uomo ha un rapporto con se stesso (cfr. *Gen* 12, 13), ma è addirittura inequivocabile (vengono contati 86 passi in cui *nefesh* va tradotto col pronome riflessivo).

---

[110] EDART, *"anima"*, 45.
[111] *Ibidem*.

2.1.1.2 Neshamah

Neshamah o "anima superiore", sarebbe il sé più elevato. Essa distingue l'uomo da tutte le altre forme di vita, compare infatti nell'atto della creazione dell'uomo (cfr. *Gen* 2, 7). Ha a che fare con l'intelletto e permette all'uomo di godere e beneficiare della vita dell'aldilà. È la parte che permette la consapevolezza dell'esistenza e presenza di Dio. Come termine è un sostantivo femminile, è attestato anche in altre lingue del medioriente e come significato principale ha quello di respiro, alito, vento. Dopo aver plasmato la figura con la polvere della *adama*, per mezzo della sua *neshamah,* Dio trasforma la forma materiale e inanimata in *nefesh hajja*. Viene visto in questo passaggio per *neshamah* il significato di forza che anima l'uomo, rendendolo vivo. In questo caso quindi indica qualcosa di diverso dall'entità incorporea chiamata anima che completa il corpo rendendolo uomo vivo e conferendogli vita e coscienza. Senza *neshamah* l'uomo è dunque morto e segna anche un legame indissolubile con Dio ma è comunque indicata come il semplice segno caratteristico della vita fisica umana.

2.1.1.3 Ruah

Ruah anche detta "anima mediana" o spirito, consiste nelle virtù morali e nella capacità di distinguere il bene dal male. Nel linguaggio moderno è analoga alla psiche o all'ego. Il termine è probabilmente onomatopeico e può essere considerato un nome deverbale, formato sull'infinito, indicante l'azione del soffiare o alitare del vento. Quindi ad esso può essere facilmente associato il soffio o il fiato come manifestazione di vitalità, da cui deriva poi il significato di spirito e vita. *Ruah* starebbe ad indicare in primo luogo lo "spazio aereo" vuoto e solo in secondo luogo indicherebbe l'aria mossa o il vento. Ma è ancor più probabile che il significato spaziale sia anch'esso derivato per associazione con il respiro profondo e con la sensazione di sollievo, libertà e allargamento a esso collegata. *Ruah* ha in comune con *nefesh* i significati di vita e respiro. Nella maggior parte dei casi però *ruah* è riferita a Dio stesso, quando invece con *nefesh* ciò accade di rado, ed è per questo che qualcuno definisce *ruah* un termine teo-antropologico. *Nefesh* denota anche l'essere vivente in se stesso, come abbiamo già visto, mentre *ruah* non è mai usato in questo significato concreto. Quando *nefesh* e *ruah* si trovano in parallelismo, i due termini vanno intesi più probabilmente come anima, mente o vita. Il parallelismo però non indica necessariamente una sinonimia: se infatti *nefesh* può indicare l'intera persona, di *ruah* si dice sempre e soltanto che essa è nell'uomo. Come il cuore anche *ruah* indica l'interiorità dell'uomo, il suo centro a partire dal quale l'intera persona è coinvolta. *Ruah* e *nefesh* indicano il principio della vita che dipende da Dio come colui che lo rinnova e lo mantiene. Per quanto riguarda l'uso per le inclinazioni e le emozioni personali, *nefesh* può indicare anche il desiderio e la richiesta, come la fame e la sete, in quanto indica anche l'organo dell'inghiottimento, ma *ruah* viene usato solo per indicare sentimenti di attività come quelle del sentimento dell'ira e raramente la nostalgia o il desiderio. Gli organi del corpo sono citati in vari passaggi della sacra Scrittura in quanto sede di manifestazioni vitali e in parallelo con *ruah* ci sono il naso, la bocca e la mano: dalla bocca di Dio esce la parola creatrice (cfr. *Sal* 33, 6) ed è particolarmente interessante per la teologia biblica e sacramentaria verificare che dall'imposizione delle mani si trasmette la *ruah* (cfr. *Dt* 34, 9).

Il termine *neshamah* è considerato per lo più come sinonimo di *ruah*, perché può indicare allo stesso modo il vento ma solo nel linguaggio figurato, ovvero come soffio del respiro di Dio (cfr. *Sal* 18, 6). La differenza sarebbe nel fatto che *ruah* è il fatto specifico della respirazione, nel quale si manifesta la vitalità dinamica dell'uomo, mentre *neshamah* sarebbe il respiro che distingue lo stato di vita dallo stato di morte e quindi quale concreto dato fondamentale, che di natura è più costante, della condizione di creatura. Dopo la morte, secondo il libro dello *Zohar*, *nefesh* si dissolverebbe, il *ruah* si trasferirebbe in una sorta di stato intermedio dove sarebbe sottoposto ad un processo di purificazione per entrare in una specie di luogo transitorio, mentre *neshamah* dovrebbe ritornare alla sua fonte dove godrebbe di un cosidetto "bacio dell'amato". Nella diversificata teologia rabbinica[112] si ritiene che dopo la resurrezione dei corpi, *ruach* e *neshamah*, anima superiore e spirito, si riuniranno in una forma definitiva.

[112] Per avere uno visione più specifica vedi: A. BROMBIN, *Anima umana nell'ebraismo* in, http://www.teologiaefilosofia.it/anima-ebraismo/ (27/06/2018).

2.1.2 NUOVO TESTAMENTO

2.1.2.1 Psyche

Tra i concetti del Nuovo Testamento[113] il termine *psyche* ha un indice di frequenza sorprendentemente basso, compare infatti solo 103 volte. Relativamente al numero complessivo, compare spesso nei vangeli sinottici e negli Atti degli Apostoli e non si può dedurre nessuna speciale preferenza da parte di nessun autore. Nella maggioranza dei casi è la traduzione diretta di *nephes,* che come abbiamo visto precedentemente, viene usato più di 750 volte nell'Antico Testamento. Un merito universalmente riconosciuto ai traduttori della versione greca dei Settanta sarebbe il fatto che, nell'averla tradotta con *psyche*, si sia riconosciuta alla *nefesh* un ruolo chiave nella comprensione della natura dell'uomo secondo la teologia dell'Antico Testamento. In Filone di Alessandria e in Flavio Giuseppe si riscontra sicuramente una concezione di stampo platonico che ci da un'immagine dell'uomo secondo cui la *psyche* avrebbe un valore autonomo e superiore ma questa concezione ha comunque un parallelismo in alcuni libri sapienziali (cfr. *Sap* 3, 1; 9, 15). Il termine *psyche* indica insieme forza vitale e vita, è l'uomo stesso capace di sensazioni e sentimenti. Designa la vita, la vitalità dell'uomo per eccellenza e come principio vitale si contrappone alla morte fisica; nella morte la forza vitale si libera e continua a vivere in un luogo ultraterreno (cfr. *At* 2, 27; *Sal* 16, 8-11) e nonostante venga salvata e sottratta alla morte (cfr. *Gc* 5, 20) può essere comunque consegnata alla perdizione (cfr. *Mt* 10, 28)[114]. Assume un significato metonimico quando con essa si designa tutto l'uomo inteso come essere vivente (cfr. *Mc* 3, 4; *Ap* 16, 3). È indicata come sede del desiderio e dei sentimenti, come pure sede di Dio stesso: per mezzo di essa l'uomo rimane in unione con quel Dio a cui vuole e deve donarsi. È sicuramente considerata un bene particolarmente prezioso (cfr. *Mc* 8, 37) e il Cristo stesso ne è pastore; per san Paolo è il bene più alto che un uomo possa offrire, ma è sottoposta a contese e dev'essere purificata e santificata (cfr. *1Pt* 22). Non si trova neanche un'identità con la vita fisica a guadagnar la quale significa anzi perderla (cfr. *Mt* 16, 26): «Non si era mai parlato, neppure lontanamente, di una salute dell'anima. Ora, col Nuovo Testamento, l'autorità stessa di Cristo assicura

[113] Ove non specificato diversamente, in tutto il sotto-paragrafo dedicato al Nuovo Testamento, si rimanda alle seguenti trattazioni: A. SAND, "*psychē*", In: *Dizionario Esegetico del Nuovo Testamento* (II), G. Schneider – H. Balz, Paideia, Brescia 2004, 1987; J. KREMER, "*pneuma* ", In: *ivi*, 1009.

[114] «"Non abbiate paura di quelli che uccidono il corpo ma non hanno potere di uccidere l'anima; abbiate paura piuttosto di colui che ha il potere di far perire nel fuoco della Geènna l'anima e il corpo". Si tratta di temere Dio, il solo che ha ogni potere sull'anima e sul corpo. La differenza fra anima e corpo è espressamente sottolineata»: GALOT, *L'escatologia dal Concilio Vaticano II ad oggi*.

questa verità di punta: bisogna salvare l'anima nostra»[115]. Ma comunque non è in contrapposizione ad una parte inferiore come potrebbe essere considerato il corpo: essa infatti soprattutto caratterizza l'uomo nella sua completa vitalità, mediante la quale egli è veramente se stesso. Ciò apre inevitabilmente al chiaro significato, rafforzato dalla stessa autorità del Cristo, di una sopravvivenza dell'anima alla perdita del corpo. Un ulteriore chiaro riferimento alla distinzione tra *psyche*, definita come uomo interiore, e uomo esteriore, orientato verso la carne, si trova in *1Pt* 2, 11: gli studiosi affermano infatti che in questo caso non ci troviamo di fronte ad una dicotomia di stampo ellenistico ma di fronte ad un dato antropologico originale e integralmente inserito nella rivelazione neotestamentaria. Un chiaro significato teologico sulla dottrina della vita che continua dopo la morte si ha infine anche in Apocalisse (cfr. *Ap* 6, 9. 20, 4) quando si parla della vita dei martiri, messi a morte per la loro testimonianza e resi partecipi della salvezza escatologica.

2.1.2.2 Pneuma

Il problema della possibile antropologia "tricotomica" sorge quando san Paolo usa la triade *pneuma-psyche-soma* (*1Tess* 5, 23), ovvero spirito-anima-corpo. Questa triade non esisteva nel tempo precristiano e probabilmente non ne aveva conoscenza neanche Paolo. Forse è stata scelta come forma retorica in opposizione alla posizione filosofica di avversari che tendevano a valutare gli uomini in maniera rigidamente dualistica. La spiegazione teologica comunque è stata già esposta nella parte introduttiva e ci conforta sul fatto che, per quanto misteriosa sia la struttura antropologica umana, composita di elementi corporali visibili e spirituali invisibili, tutto l'essere dell'uomo è in mano nostra e niente di ciò che davvero sopravvive al transito della vita biologica è in balia di altrui volontà, e se invece possiamo sperimentare l'essere disarmati di fronte agli eventi che investono il nostro corpo, possiamo lo stesso avere la certezza di credere che tramite le nostre scelte più intime, possiamo decidere anche della salvezza eterna di ciò che invece su questa terra non possiamo salvare (cfr. *CCC* 367).

Per quanto riguarda lo specifico dell'altro termine greco che viene usato per indicare l'elemento spirituale nell'uomo[116], *pneuma*, che letteralmente designa la forza elementare della natura e della vita, possiamo dire che esso è un termine simile per l'uso a quello di *ruha*, e il rapporto con il termine *psyche* è simile a quello di *ruha* con *nefesh*. Già in epoca greca

[115] SCIACCA, *L'anima*, 18.
[116] Cfr. A. ROLLA, *"uomo"*, In: *Dizionario Biblico,*Studium, Roma 1963, 610.

classica questo termine stava ad indicare una sorta di sostanza cosmica, universale e divina. In genere *pneuma*, proprio come *ruha* nell'Antico Testamento, è tradotto con spirito ed infatti sta ad indicare ciò che è essenzialmente e propriamente spirituale (cfr. *Mc* 2, 8; *Lc* 10, 21; *2Cor* 2, 11). In questo caso lo spirito è considerato più principio che soggetto, salvo rare eccezioni giustificate dal contesto (cfr. *Lc* 1, 47). Nell'Antico Testamento infatti *ruha* viene spesso designato esplicitamente come lo "Spirito di Dio" che ispira e conferisce doti particolare e, in epoca post-esilica, avrà ancor meglio il significato di "Spirito santo". Nel Nuovo Testamento è usato ben 379 volte e soltanto in tre di queste esso designa l'elemento fisico del vento o soffio; spesso designa lo spirito dell'uomo ma ancora più spesso indica lo Spirito di Dio (circa 275 volte) ed è indicativo il fatto che normalmente *pneuma* non viene usato al posto di *psyche*, a significare una sinonimia, ma sovente viene nominato accanto all'altro come ad indicare due aspetti della medesima sostanza (cfr. *1Tess* 5, 23).

Nei vangeli, negli Atti e nell'Apocalisse, pneuma spesso è qualificato anche con "impuro", "cattivo", "sordo" o comunque legato alla realtà dei demoni. In genere quando vengono nominate le creature spirituali demoniache si ha anche un parallelismo con le entità angeliche. In un caso specifico (cfr. *Lc* 24, 37-39), *pneuma* «designa esplicitamente uno spirito (spettro) senza carne e ossa, presumibilmente l'anima di un defunto»[117]. San Paolo usa il termine *pneuma* per indicare, oltre all'attività intellettuale, l'anima umana vivente della vita soprannaturale prodotta dallo Spirito Santo (cfr. *1Cor* 14-16) ma anche la persona stessa dello Spirito in contesto trinitario; per indicare l'anima umana vivente secondo i soli principi naturali, lo stesso usa un altro termine ancora, usato frequentemente a quell'epoca, ovvero *nous,* che può trovarsi insieme a *pneuma* o ad esso contrapposto[118].

2.1.3 Considerazioni riassuntive

Per concludere l'*excursus* biblico, essenzialmente centrato sull'analisi dei termini usati sia nell'Antico che nel Nuovo Testamento e sul loro reciproco legame, possiamo far riferimento al fatto che comunque ci sono alcuni studiosi che ritengono che il moderno concetto di anima sia stato ricavato dal sanscrito *atman* e non dal greco *psychè*[119]. Una conferma può venire dalla considerazione che la concezione indo-europea e poi cristiana riguardo la componente spirituale della struttura antropologica si baserebbe su di un rapporto mistico respinto dall'ebraismo, essendo quest'ultimo preoccupato a non oltrepassare i limiti

[117] Kremer, "*pneuma*", 1014.
[118] Rolla, "*uomo*", 610.
[119] Cfr. Giannetti, *L'anima,* 426.

del rapporto con Dio[120]. Questa teoria suggestiva, che possa convincere o no, può essere sicuramente utile a rendere chiaro il fatto che tra i concetti associabili all'anima umana nella Bibbia, nell'Antico Testamento e nel Nuovo, se ci sono delle evidenti continuità, esistono anche inconfutabili novità [121]. Sicuramente si può concordare col fatto che solo l'Incarnazione[122] e la predicazione del Cristo rivelano pienamente l'uomo all'uomo (cfr. *CCC* 1701), in una maniera così chiara come non avrebbe potuto esserlo tra le righe del linguaggio profetico e sapienziale precedentemente allo squarcio del velo del Tempio:

> «Il cosmo non perviene a sé stesso semplicemente nell'uomo, bensì nell'uomo autentico e rispondente a Dio, che si affida completamente al mistero infinito di Dio e serve gli altri, in modo tale che in Lui può verificarsi l'autocomunicazione salvifica di Dio e Dio può divenire la vita più intima del cosmo. Il Logos-Figlio, che viene da tempi immemorabili nel mondo, opera nell'umanità e in particolare in Israele, si incarna in Gesù Cristo e si dona con amore, Lui solo può essere la corona autentica e il centro vivificante della creazione, il cuore del mondo»[123].

Un altro dato che si può estrapolare dall'analisi dei termini biblici, che contengono in sé un'informazione sulla realtà spirituale dell'uomo, è che ci troviamo di fronte comunque ad una continuità d'intenti sul fatto che ci sia una certa differenziazione all'interno della realtà che opera nell'intimo umano. *Nefesh* e *ruha*, *psyche* e *pneuma* sono coppie di termini paralleli che rispecchiano il chiaro significato dell'esistenza di un'anima umana affiancata allo Spirito divino. Se nell'Antico Testamento ciò poteva essere ancora un concetto confuso e neanche così facile da accettare per la sensibilità semitica, per i cristiani della Nuova Alleanza questa realtà, ovvero la compresenza di un elemento spirituale umano creato e dello Spirito santo divino ed increato nella stessa dimensione antropologica, era parte stessa della speranza e della promessa evangelica[124].

Se utilizziamo i termini che ci sono stati lasciati e li interpretiamo con le categorie antropologiche più compatibili, possiamo associare la vita fisica più elementare, indicata con il termine *nous*, all'anima sensitiva e vegetativa e possiamo pensare all'anima intellettiva come indicata definitivamente dal termine *psyche*. Sembra inoltre concorde al dato biblico il fatto che *psyche* possa riassumere in sé anche le caratteristiche del *nous* mentre non è vero il contrario; ciò si sovrappone perfettamente con le categorie della dottrina sull'anima intellettiva, sensitiva e vegetativa, usate nella Chiesa sin dall'epoca patristica. Infine il termine

---

[120] Cfr. GIANNETTI, *L'anima,* 426.
[121] Sarebbe scorretto parlare di rotture.
[122] Ovvero l'intera azione kenotica del Dio fatto uomo.
[123] H. KESSLER, *Cristologia,* Queriniana, Brescia 2007, 245, cit. in: P. SGUAZZARDO, *Incarnazione,* Cittadella editrice, Assisi 2013, 157.
[124] Cfr. SGUAZZARDO, *Incarnazione,* 156.

pneuma può benissimo saldarsi con la realtà personale dello Spirito santo che vive dentro di noi (cfr. *1Cor* 3, 16; *Gc* 4, 5).

A questo punto ci imbattiamo nel mistero dell'inabitazione trinitaria nell'uomo[125]; esso non rappresenta la strana situazione di una convivenza di un ente spirituale all'interno delle pieghe di un corpo, ma di una realtà che potremmo definire strutturale dell'uomo: l'essere umano è costituito di corpo materiale e anima spirituale proprio per accogliere e conservare la presenza spirituale di Dio.

> «Occorreva come nel Cristo che la dimensione divina fosse connessa con il corpo e che la vita eterna divenisse esperienza in una realtà che rimaneva nel corpo e lo animava. Al tempo stesso però, la vita eterna doveva essere una dimensione interiore che viveva nel corpo, ma anche lo trascendeva e rendeva ogni uomo e ogni donna capaci di Dio, in una realtà che andava oltre l'esperienza della morte. [...] Mantenere la vita divina nel corpo attraverso l'anima nel tempo storico, ma in modo che l'anima vivesse nel tempo e oltre il tempo, l'eterno, ciò era possibile solo se tra il corpo e lo Spirito Santo vi era una dimensione capace di ricevere lo Spirito e di conservarlo per sempre oltre la morte»[126].

2.2 LA FILOSOFIA

Secondo la maggioranza dei filologi il termine anima viene dal termine greco *anaigma*, che significa senza sangue o da *anemos*, soffio o vento. Indica il principio primo dell'attività di tutti gli esseri viventi, anche se con particolare riferimento all'uomo[127]. I principali problemi nel dibattito filosofico sull'anima sono da sempre stati quattro: la sua natura, la sua origine, i suoi rapporti col corpo e la sua sopravvivenza dopo la morte del corpo[128]. «Il pensiero greco aveva infatti inventato, con le idee platoniche e con il *nous* aristotelico, una dimensione immateriale, la possibilità cioè che il linguaggio potesse attingere a una realtà che era oltre l'esperienza sensibile»[129]. Come abbiamo visto precedentemente, le nozioni di entità immateriali e di realtà oltre il sensibile sono riscontrabili anche nel pensiero biblico, per quanto più rozza potesse essere la cultura semitica in termini di speculazione filosofica rispetto al mondo greco. Questa presunta precedenza nell'invenzione del concetto di immaterialità potrebbe essere salvata dalla considerazione del fatto che se il popolo israelitico

---

[125] Per approfondire l'affascinante tematica dell'inabitazione trinitaria nell'uomo, vedi: G. SPIRITO, *Terra che diventa cielo,* ESD, Bologna 2009.

[126] BAGET, *L'immortalità dell'anima*, 87.

[127] Cfr. B. MONDIN, *"anima"*, In: *Dizionario enciclopedico del pensiero di san Tommaso*, ESD, Bologna 2000, 48.

[128] Cfr. *ibidem.*

[129] BAGET, *L'immortalità dell'anima,* 85.

partiva dal dato rivelato divino[130] per immaginare una realtà che superava la propria esperienza sensibile, i greci attinsero presumibilmente quasi unicamente al proprio ingegno. Rimane da capire ora come gli antichi pensatori arrivarono ad affermare con certezza una realtà immateriale ed invisibile e non solo ad ipotizzarla. È noto che si pone come origine della filosofia stessa, l'indagare sui massimi sistemi e sulla profonda natura dell'uomo: la non-fisicità dell'apertura trascendentale è in genere attestata dalla capacità di conoscere oggetti puramente intelligibili, le essenze, e di formare intorno ad essi dei concetti universali aperti all'infinito[131] e essere capaci di infinità virtuale significa esser capaci di andare oltre ogni dato[132]; l'autotrascendenza inoltre è un indizio chiaro della presenza nell'uomo di un elemento spirituale, ovvero un'anima intrinsecamente spirituale e intrinsecamente indipendente dalla materia[133].

2.2.1 Epoca classica: la scoperta dell'invisibile

Gli antichi filosofi greci prima di Aristotele, per stabilire le possibili caratteristiche dell'anima partono in genere dal sentire, che può essere un principio materiale per Empedocle o immateriale per Platone, e dal muoversi, in quest'ultimo caso è la posizione soprattutto dei naturalisti. Tutti comunque concordano sul fatto che l'anima è un principio di movimento[134]. Un primissimo tentativo comune a tutti costoro può essere considerato quello che porta alla conclusione che «con anima si intende ciò grazie a cui chi ha la vita vive e quindi che è come qualche cosa che è in un soggetto»[135]. Aristotele stesso sintetizzerà le posizioni filosofiche a lui precedenti: l'anima poteva essere vista come un essere sottilissimo, in grado di avere una propria sensibilità e legata al principio del movimento[136]. Per Platone l'anima ha natura solo spirituale e immortale mentre per Aristotele è sicuramente spirituale e immortale solo la funzione dell'intelletto agente dell'anima. Inoltre per Platone l'anima sarebbe unita al corpo solo accidentalmente e proverrebbe da un'altra realtà, l'Iperuranio, il mondo delle idee, verso cui tornerebbe dopo la morte del corpo. Secondo i platonisti e i pitagorici il legame tra anima e corpo è unione tra due sostanze già completamente strutturate, ciascuna dotata di un proprio

[130] Sicuramente la direttiva ricevuta dal Dio ineffabile, sulla proibizione delle immagini, contribuì molto a far crescere nel popolo ebraico la consapevolezza che la realtà divina superava la propria dimensione sensibile (cfr. *Es* 20, 4).
[131] Cfr. Pagani, *Sulla attualità del concetto di anima*, 431.
[132] Cfr. *ivi*, 432.
[133] Cfr. Mondin, *Antropologia filosofica*, 283.
[134] Cfr. D. Crivelli, *Il primo libro del De anima. Tommaso d'Aquino tra dossografia, esegesi aristotelica e speculazione antropologica*, in *Aquinas* 56 (2013), 323.
[135] Rizzello, *La definizione di anima*, 381.
[136] Cfr. Crivelli, *Il primo libro del De anima*, 324.

atto d'essere, eterogenee e prive di un'unione profonda e duratura. Alcuni esponenti della nascente filosofia cristiana, come Clemente e Origene, adotteranno interamente la filosofia di Platone e alcuni autori anche riguardo l'idea che l'anima potesse esistere già prima del corpo[137]. Per Aristotele anima e corpo costituiscono un'unica sostanza, sono indissolubili e si formano o insieme oppure dopo una certa strutturazione della materia[138]; egli arriva ad ipotizzare addirittura un certo periodo, circa quaranta giorni, passati i quali l'embrione umano riceverebbe la propria anima intesa come forma sostanziale; per lo Stagirita l'anima consiste nella coabitazione delle varie funzioni fisiologiche dell'uomo[139] che hanno bisogno di un certo periodo di tempo per ordinarsi al proprio fine, che in fondo è la propria forma. Secondo Aristotele l'unione tra anima corpo è profonda, sostanziale e duratura, tale che l'anima in quanto forma del corpo è inevitabilmente destinata a dissolversi con esso al momento della morte; il corpo inoltre non possiede da solo un proprio atto d'essere[140] ma è solo la sua forma sostanziale, l'anima, a fornirglielo. All'inizio del suo trattato sulla fisica, Aristotele stesso offre il metodo da seguire nel ragionamento speculativo, ovvero quello di partire dal concetto più generale per giungere a quello meno generale[141]; in questo potrebbe ricordarci l'approccio sistemico che abbiamo incontrato all'inizio della trattazione, che rende ragione non solo del fatto che la semplice analisi dei singoli elementi separati non è efficace per determinare la natura irriducibile di alcune realtà complesse, ma anche del fatto che non sia neanche il procedimento più logico. Si deve quindi partire da ciò che è più noto, e quindi passare dall'effetto alla causa, per una dimostrazione di che cosa una certa cosa sia: la dimostrazione non è *propter quid*, ovvero dalla sua causa, ma *quia*, cioè a partire dall'effetto, dalla sua definizione. Termine medio del sillogismo, lo strumento logico perfezionato proprio da Aristotele e alla base della logica filosofica, è appunto l'effetto[142]. Dall'effetto, che in questo caso sono le operazioni manifeste dell'anima, si passa alla loro causa, ovvero l'essenza dell'anima[143]. Bisogna chiarire che le definizioni di partenza non sono né vere né false, perché non sono né affermazioni né negazioni, ma virtualmente proposizioni[144] a cui bisogna dare una dimostrazione[145]. Il compito che sembra svolgere Aristotele attraverso la messa a punto di questi strumenti di indagine logica, è quello di concepire l'intelligenza umana come capace di rivelare la presenza in un noi di una vita diversa da quella corporea, senza però che tale

137 Cfr. MONDIN, *"anima"*, 48.
138 Cfr. *ibidem.*
139 Cfr. GIANNETTI, *L'anima*, 428.
140 Cfr MONDIN, *Antropologia filosofica*, 290.
141 Cfr. RIZZELLO, *La definizione di anima,* 380.
142 Cfr. *ivi,* 384.
143 Cfr. *ivi,* 383.
144 Cfr. *ivi,* 382.
145 Cfr. *ivi,* 383.

differenza porti a spezzare il legame essenziale e costitutivo che la nostra intelligenza mostra di avere con la stessa dimensione corporea[146]. Aristotele offriva infatti un concetto di anima e di corpo complementari[147]e considerava l'anima, o intelletto, come forma sussistente[148] ma non indipendente: «Essendo l'anima entelechia di un corpo in potenza al vivere e ciò per cui principalmente viviamo, sentiamo, ci muoviamo e pensiamo»[149].

2.2.2 EPOCA PATRISTICA E SCOLASTICA: LA FILOSOFIA CRISTIANA

Una teoria dell'anima compatibile con la Rivelazione si era già sviluppata nel primo millennio dell'era cristiana, soprattutto grazie a sant'Agostino e indirettamente a Plotino[150], che si rifacevano principalmente alle categorie della filosofia platonica. Se Plotino era divenuto l'esponente di tramite nel dialogo tra la filosofia classica platonica e la nascente speculazione cristiana è però soprattutto Agostino che contribuisce, quasi alla fine dello straordinario percorso intellettuale della patristica, a coniugare armoniosamente il pensiero filosofico classico con le istanze della Rivelazione. I padri della Chiesa usano il linguaggio platonico che interpreta l'anima come sostanza spirituale e il corpo come organismo nell'ordine della vita animale idoneo ad accogliere temporaneamente l'anima[151], ma sarebbe riduttivo pensare che i teologi del primo millennio fossero ingenuamente convinti del fatto che il corpo fosse davvero un semplice contenitore per l'anima, come arrivarono ad affermare alcuni esponenti della cultura classica pagana. Se prendiamo il caso di uno dei più autorevoli padri della Chiesa nel periodo patristico greco del IV secolo, aderente ad un sistema filosofico di stampo platonico, san Gregorio di Nissa, ci rendiamo conto del distacco che esisteva già tra il platonismo pagano e quello cristiano:

> «Gregorio [di Nissa] sostiene che l'unione tra un essere intellegibile quale è l'anima e una realtà fisica come il corpo non può essere essa stessa un'unione di tipo fisico: l'anima, infatti, non si trova entro un corpo come in un vaso, in un contenitore. [...] L'anima non si trova circoscritta in un luogo, bensì, nella sua interezza, pervade l'intero corpo, e non esiste una parte da essa illuminata in cui essa non sia presente completamente»[152].

Sicuramente la strada per la completa conciliazione tra il dato rivelato e la filosofia, sul difficile campo dell'antropologia, era ancora lunga e doveva soprattutto scontrarsi più che con

---

[146] Cfr. PETAGINE, *Tommaso d'Aquino e la corporeità,* 354.
[147] Cfr. GIANNETTI, *L'anima*, 432.
[148] Cfr. CRIVELLI, *Il primo libro del De anima,* 323.
[149] ARISTOTELE, *L'anima*, cit. in: PETAGINE, *Tommaso d'Aquino e la corporeità,* 353.
[150] Cfr. GIANNETTI, *L'anima*, 429.
[151] Cfr. GHISALBERTI, *Anima e corpo in Tommaso d'Aquino*, 281.
[152] GREGORIO DI NISSA, *Sull'anima e la resurrezione* (a cura di I. RAMELLI), Bompiani, Milano 2007, 977.

un'idea greca di contrapposizione tra corpo e anima, ormai sostanzialmente risolta, con le aporie che la filosofia di Platone lasciava ancora insolute, come ad esempio quelle legate alla cosiddetta teoria della molteplicità delle anime. Nel periodo della filosofia scolastica si avrà finalmente «l'inclusione della dottrina platonico-agostiniana dell'anima-sostanza in quella dell'anima-forma, in modo che la sostanza non venga giustapposta al corpo, ma lo assuma nell'unità propria del sinolo di materia e forma»[153] che caratterizza la struttura filosofica aristotelica. Questa concezione "ilemorfica" dell'uomo[154], espressa nei termini di una composizione di anima come principio formale e corpo come principio materiale, è presente in tutta la produzione di san Tommaso d'Aquino[155] e rappresenta l'avvenuta conciliazione cercata in tanti secoli di filosofia cristiana. Vedremo più avanti che proprio grazie a questa originale sintesi interna al cristianesimo, si risolverà il gravoso problema filosofico della presunta molteplicità dell'anima nell'uomo e al contempo si salverà la dottrina sulla natura spirituale e incorruttibile per un'anima che, pur unita saldamente al proprio corpo, mantiene la sua natura "immortale".

All'inizio dell'epoca scolastica della filosofia, il filosofo musulmano Averroè, colui che come commentatore delle opere aristoteliche ebbe il merito di far conoscere al mondo cristiano lo Stagirita, osservava che se l'intelletto fosse corporeo non potrebbe ricevere l'altro da sé rimanendo se stesso e rimanendo disponibile a riceverne ancora[156]. Averroè era un'aderente ante-litteram all'aristotelismo radicale che proponeva l'ipotesi dell'intelletto unico separato dall'anima-forma del corpo[157]; pure l'immortalità personale era problematica per gli aristotelici come Averroè, che infatti l'aveva prontamente negata[158]. Egli non aveva quindi una visione pienamente conciliabile con le istanze cristiane ma ciò rendeva ancor più evidente il fatto che le conclusioni della speculazione filosofica di epoca medievale sulla natura immateriale dell'anima erano di carattere logico e non confessionale. Inoltre si evince, per concludere la veloce panoramica sull'antropologia cristiana dei suoi primi 15 secoli, che la convinzione sulle proprietà riguardanti sia la sostanzialità che l'incorruttibilità per l'anima non era certo eredità di un pensiero greco pre-cristiano o di una sorta di compromesso tra fideismo cristiano e cultura ellenistica, come spesso si è tentati di pensare riferendoci a questo lungo periodo della storia occidentale cristiana[159]; addirittura le istanze di base, l'immortalità e la sostanzialità dell'anima, non erano contemporaneamente neanche conciliabili, né col puro

[153] GHISALBERTI, *Anima e corpo in Tommaso d'Aquino*, 291.
[154] «Esiste la specie uomo ma non esiste la specie anima»: MONDIN, *Antropologia filosofica*, 283.
[155] Cfr. GHISALBERTI, *Anima e corpo in Tommaso d'Aquino*, 283.
[156] Cfr. PAGANI, *Sulla attualità del concetto di anima*, 431.
[157] Cfr. GHISALBERTI, *Anima e corpo in Tommaso d'Aquino*, 289.
[158] Cfr. MONDIN, *"anima"*, 49.
[159] Un'analisi più approfondita a riguardo sarà presentata nell'ultimo capitolo

sistema platonico né col puro sistema aristotelico. Si trattava quindi, parlando della dottrina dell'anima, di un nuovo sistema antropologico, un'originale sintesi filosofica cristiana.

2.2.3 Epoca moderna e contemporanea: le contrapposizioni

«È al principio del secolo scorso che inizia la contrapposizione tra idealismo greco e realismo cristiano»[160]. Lo stesso autore di questa dichiarazione iniziale afferma che è a partire da Cartesio, nel XVII secolo, che si sarebbe ridotta l'anima alla mente e quindi alla sola ragione[161]. La conseguenza diretta di questa associazione di idee è che da ora in avanti l'immortalità dell'anima sarebbe stata dedotta dall'essere ideale di Dio e sarebbe stata concepita come un mero concetto della mente, senza alcun accenno all'esperienza interiore dell'anima. In questo modo cadeva il concetto stesso di realtà perché è la mente nella sua auto-comprensione a trovare un contenuto della realtà senza necessariamente avere rapporto con essa[162]. La *res cogitans* cartesiana, ciò che è pensante dell'uomo, si libera del corpo e del mondo e si rende totalmente autonoma in virtù di una concezione puramente meccanicistica[163] e «si crea così una contraddizione tra ciò che la ragione dice dell'uomo stesso e ciò che invece suggerisce l'esperienza della realtà»[164]; si perde la consapevolezza di «come la coscienza di sé emerga da quella del corpo. L'errore di Cartesio risiede nel non aver rilevato quanto dietro ogni decisione siano sempre in atto sistemi regolatori di natura somatica. Ogni decisione, anche la più razionale e intellettuale, passa inevitabilmente attraverso il filtro emozionale connesso con gli eventi somatici»[165]. Questo cambio di paradigma da un pensiero teso ad armonizzare la realtà visibile e invisibile, quello della filosofia cristiana dall'epoca patristica a quella scolastica, e un pensiero che separa rigidamente due realtà, pur non rinnegando l'esistenza della dimensione spirituale del reale, condurrà all'inevitabile riduzione dell'indagine speculativa alla sola dimensione psico-fisiologica; cioè all'analisi della relazione tra funzioni psichiche e neurofisiologiche. Possiamo già parlare di un frutto maturo di un'epistemologia della scienza moderna che rifiuta le essenze e si concentra sul fenomenico.

Kant, già nel XVIII secolo, con il principio di rappresentazione fa dell'idea e non della realtà l'oggetto dell'atto di conoscenza. In tal modo avviene il completo e definitivo

---

[160] Baget, *L'immortalità dell'anima* , 84.
[161] *Ibidem.*
[162] Cfr. *ivi*, 88.
[163] Cfr. D'Onghia, *L'anima è il nostro cervello?*, 153.
[164] *Ibidem.*
[165] *Ibidem.*

rovesciamento dello schema classico aristotelico-tomista dove la conoscenza rappresentazionale veniva dopo la conoscenza intenzionale[166]. Kant si chiude in un completo agnosticismo come per tutti i problemi metafisici, per lui sono tutti paralogismi, e nega il valore oggettivo ad ogni conoscenza umana[167], anche se dai suoi scritti si deduce comunque una latente adesione alle convinzioni metafisiche del suo tempo [168]. Egli dice sorprendentemente «di essere molto propenso ad affermare l'esistenza di nature immateriali nel mondo e a porre la sua anima stessa nella classe di questi esseri»[169] ma affermando anche che «il principio di questa vita, cioè la natura spirituale che non si conosce ma si suppone, non può mai essere pensato positivamente, giacché non se ne possono trovare i dati in tutte le nostre sensazioni»[170] di fatto chiude nel positivismo ogni possibile ulteriore analisi. Se il percorso polemico sull'antropologia e la metafisica umana era già iniziato teologicamente con Lutero e metodologicamente con Cartesio, si può dire che è con Kant che viene affossata filosoficamente la dottrina sull'immortalità dell'anima[171].

All'interno dell'ambito delle contrapposizioni moderne nella speculazione sulla dottrina dell'anima, rientra a diritto anche il dibattito antropologico e teologico che si aprirà in senso alla Chiesa cattolica. Per lunghi periodi della storia moderna ci si dibatterà in genere tra idealismo e materialismo positivista, terreni in cui la dottrina dell'anima non riesce ad attecchire; ma nell'ambito della teologia cattolica rimarrà sempre aperto uno spiraglio di discussione. In questo difficile contesto è utile il contributo di Antonio Rosmini, uno dei più grandi pensatori dell'ottocento, essendo tra i pochissimi tra i suoi contemporanei ad aver affrontato direttamente tale argomento. Il Rosmini affermerà che «se l'anima è una sostanza diversa dal corpo, dalla morte del corpo non si può ricavare la morte dell'anima. La morte è solo la cessazione degli atti vitali e corporali, ed è dunque assurdo attribuire la morte a ciò che corpo non è»[172]. In risposta alle correnti filosofiche coeve, Rosmini dice che «non si deve dunque confondere la coscienza o l'io o la riflessione con l'anima; elementi che sono accidenti e non sostanza dell'anima, che precede realmente tutte le sue modificazioni. [...] Riducendo l'anima alla coscienza o alla riflessione, svanisce poi la sostanza e l'essere dell'anima e rimangono in mano solo i pensieri, le immagini e i sogni»[173]. Per spiegare come l'anima può percepire sé medesima, il nostro autore ricorre alla teoria della "percezione

[166] Cfr. D'ONGHIA, *L'anima è il nostro cervello?*, 155.
[167] Cfr. MONDIN, *Antropologia filosofica*, 291.
[168] Cfr. SCIACCA, *l'anima*, 218.
[169] *Ivi*, 219.
[170] *Ibidem*.
[171] Cfr. MONDIN, *Antropologia filosofica*, 295.
[172] ROSMINI, *Spiritualità e immortalità dell'Anima*, 37.
[173] L'anima infatti non può essere ridotta alle sue varie operazioni essendo un *quid* originario. In particolare l'autore polemizza con l'idealismo di Fichte (†1814), allievo di Kant. Cfr. *ivi*, 52.

intellettiva" che è l'atto del soggetto che, intuendo l'essenza dell'essere, la vede realizzata nel sentimento, ammettendo se stesso come un sentimento-sostanza[174].

Karl Rahner, uno dei più famosi teologi del XX secolo, cercherà di conciliare la propria formazione filosofica tomista con le istanze della filosofia kantiana[175] e proprio nell'ambito del soprannaturale affronterà il campo d'indagine più delicato. Come vedremo più avanti con altri autori, Rahner è nella Chiesa cattolica il teologo che maggiormente si preoccupò di fuggire il pericolo del dualismo[176] tra anima e corpo, la sua preoccupazione però non gli permise di «distinguere adeguatamente le due componenti del'essere umano»[177]. Secondo una personale interpretazione del linguaggio antropologico biblico, Rahner afferma che esiste solo l'uomo corporeo unitario che viene colpito in modo radicale dalla morte e che non siamo di fronte alla concezione di un soggetto spirituale immateriale, che in quanto anima, supera la morte biologica del corpo[178]. Non nega formalmente l'immortalità dell'anima, essendo verità di fede, ma essa diventa inconciliabile con la sua idea di composto umano e la sua visione della morte[179]. In definitiva Rahner «riprende la falsa opposizione, diffusa tra i biblisti protestanti, secondo la quale la Bibbia non insegnerebbe l'immortalità dell'anima ma la risurrezione»[180] e accetta l'idea kantiana dell'identità della forma a priori dello spirito con la forma del sensibile, che porta ad oscillare tra idealismo e materialismo[181].

Infine per dar voce ad una istanza moderna che si pone in chiara alternativa al pensiero metafisico tomista, ma che cerca comunque di preservare il dato di fede[182] sull'esistenza dell'anima, può essere istruttivo presentare il pensiero di Vito Mancuso, teologo e pensatore vivente, che in vari contributi presenta l'idea di un'anima frutto di una complessa evoluzione dell'essere umano, guidata da un certo *logos/physis*. Egli afferma che

> «La differenza è data dal concetto di anima che si ha in mente, se la si pensa come un corpo o sostanza separata oppure se la si pensa come una modulazione sempre più raffinata dell'unica e medesima sostanza, materiale e spirituale al contempo [...] nota come traducianesimo spirituale, è quella alla quale aderisco. Essa afferma che la sostanza spirituale dell'anima deriva dall'anima e dal corpo dei genitori nello stesso momento della generazione del corpo. Si tratta di un punto di vista condannato da Pio IX»[183].

---

[174] Cfr. ROSMINI, *Spiritualità e immortalità dell'Anima*, 53.
[175] G. CAVALCOLI, *Karl Rahner*, Fede e Cultura, Verona 2009, 127.
[176] «Rahner cade in gravi confusioni senza peraltro riuscire ad evitare il dualismo che egli vorrebbe fuggire»: *ivi*, 121.
[177] *Ibidem.*
[178] Cfr. *ibidem.*
[179] Cfr. *ivi*, 134.
[180] Problematica che affronteremo meglio nel terzo capitolo. Cfr. *ivi*, 135.
[181] Cfr. *ivi*, 128.
[182] Per quanto affermi lui stesso che «pubblico il libro con la chiara consapevolezza che alcune affermazioni in esso contenute sono da ritenersi, alla luce dell'attuale configurazione della dottrina cattolica, formalmente eterodosse»: V. MANCUSO, *L'anima e il suo destino*, Cortina editore, Milano 2007, 25.
[183] *Ivi*, 93.

Al di là delle possibili considerazioni su queste posizioni teologiche, l'onestà intellettuale di questo ultimo autore ci porta quantomeno a verificare quanto siano stretti e strutturanti i legami tra la fede ecclesiale sull'anima e il sistema filosofico metafisico di stampo tomista.

2.3 IL MAGISTERO

Sin dall'inizio della sua riflessione nella fede la Chiesa cominciò ad interrogarsi sui fondamenti della realtà creata, perché l'invito apostolico a rendere ragione della speranza (cfr. *1Pt* 3, 15-16) ad un mondo che si apprestava a ricevere criticamente l'annuncio evangelico si faceva sempre più profetico; anche per parlare efficacemente al cuore umano era necessario conoscere la natura più profonda dell'uomo.

Il mondo greco-romano era al contempo allenato alla speculazione, nella sua accezione greca, e amante dell'ordine e della logica, nella sua accezione latina e non ci si poteva accontentare solo dell'approccio sapienziale che caratterizzava la sensibilità semitica. Giunti ad una sistematizzazione del pensiero cristiano e dopo secoli di affinamento dottrinale, ci si rese conto che dall'antropologia cristiana erano emerse due istanze fondamentali: una prospettiva genetica universale creazionistica e una sull'immortalità dell'uomo stesso quando, dall'istante successivo alla morte del corpo, l'io individuale assume un'esistenza spirituale, indefettibile e si stabilizza nell'eternità[184]. L'anima, secondo la matura teologia cattolica, una volta separata dal corpo, continua ad esistere e resta capace di conoscere in modo universale, sebbene solo in unità con il corpo sia in grado di conoscere i singolari[185]. Questa struttura antropologica rende inoltre ragione di tutto il complesso della realtà creata che è composta anch'essa di visibile e invisibile: è per fede infatti che sappiamo che non solo la realtà divina ma anche quella creaturale è composta di immaterialità. «Per la Chiesa cattolica il Logos divino si continua nel Logos umano e la persona è immagine di Dio. Perciò si può pensare a realtà intermedie, come gli angeli, essenziali per comprendere la ipostasi del male e Satana come sua realizzazione»[186]. Inoltre la consapevolezza di questa dimensione della fede, chiara nel magistero ecclesiale sin dalla formulazione dei primi simboli della fede (cfr. *DS* 125; 150), porta ad un'ulteriore conferma della peculiare armonia nell'uomo tra la realtà spirituale

[184] Cfr. GHISALBERTI, *Anima e corpo in Tommaso d'Aquino*, 281.
[185] Cfr. MARASSI, *L'attualità del problema dell'anima,* 314.
[186] BAGET, *L'immortalità dell'anima*, 91.

e quella materiale: «L'anima è pensata dalla Chiesa cattolica sul modello angelico, come non divina e non materiale, come rivolta a Dio e capace di essere presente in un corpo»[187].

Le istanze principali che spinsero il magistero della Chiesa a definire sempre più chiaramente la propria convinzione sull'esistenza dell'anima erano quelle legate alla stabilizzazione del proprio patrimonio di fede e alla necessità di evitare ogni riduzionismo, che fosse quello rigidamente dualistico o quello concettualistico. Il mistero dell'antropologia era necessariamente legato alla cristologia: essendo vero Dio e vero uomo, il Cristo doveva rimanere modello per la comprensione dell'uomo stesso ed era indubitabile, almeno una volta stabilizzate le conquiste dogmatiche del primo millennio sulla cristologia, che in Lui conviveva una dimensione divina e una umana.

2.3.1 IX SECOLO: UNA SOLA ANIMA

Le prime formulazioni dogmatiche e vincolanti per la fede dei cristiani sulla realtà dell' anima ci vengono dai primi concili ecumenici, sappiamo però che le prime formulazioni sistematiche arriveranno solo a partire dall'età medievale. Alcuni autorevoli accenni possono essere facilmente trovati in tutte le epoche precedenti, dense di fermenti filosofici e accesi dibattiti dottrinali, in cui si succederanno Concili e dichiarazioni che avrebbero arricchito uno straordinario deposito di fede. Andrebbe oltre le esigenze di questo lavoro esporre tutti i pronunciamenti riguardo la realtà spirituale, a partire dal mistero stesso della sostanza divina; ci limiteremo quindi a presentare quegli estratti che sono sufficienti per dimostrare la fede ecclesiale nella dottrina sulla sostanza dell'anima e sulla sua importanza per l'antropologia teologica e filosofica. In particolare sarà bene concentrarsi su quei pronunciamenti che affrontano il nostro tema in prospettiva escatologica, come vediamo nel canone 11 del Concilio ecumenico Costantinopolitano IV, conclusosi nell'anno 870. Così afferma:

> «Mentre l'Antico e il Nuovo Testamento insegnano che l'uomo ha una sola anima razionale e intellettuale e tutti i padri e dottori della Chiesa divinamente ispirati sostengono la stessa dottrina, alcune persone, dedite all'invenzione del male, arrivarono a un tal grado di empietà da affermare spudoratamente come dogma l'esistenza di due anime nell'uomo, cercando di provare la propria eresia» (*DS* 657).

Sappiamo già che il problema della molteplicità dell'anima nell'uomo era frutto di una delle aporie del sistema filosofico platonico e che verrà definitivamente risolto solo con l'introduzione delle categorie aristotelico-tomiste. Per quanto non si avessero ancora gli

[187] BAGET, *L'immortalità dell'anima*, 91.

strumenti filosofici adatti per risolvere la questione dal punto di vista logico, i pastori della Chiesa del tempo riconobbero comunque la difformità tra certe posizioni teoriche e la fede ecclesiale. Questo può essere considerato un chiaro segnale del fatto che la dottrina sulla struttura antropologica nella Chiesa non è mai stata una diretta conseguenza né una prona accettazione del sistema filosofico maggiormente in vigore, ma frutto del dato di fede e stimolo della ricerca filosofica.

2.3.2 XIII E XIV SECOLO: LA PRIORITÀ E LA NATURA DELL'ANIMA

Autorevoli e significativi accenni all'importanza della fede riguardo l'anima umana da parte del magistero cattolico li ritroviamo durante i lavori del Concilio Lateranense IV, terminati nel 1215.

> «E finalmente il Figlio unigenito di Dio, Gesù Cristo, incarnatosi per opera comune della Trinità, concepito da Maria sempre vergine con la cooperazione dello Spirito Santo, divenuto vero uomo, composto di anima razionale e di carne umana, una sola persona in due nature, manifestò più chiaramente la via della vita. Immortale e impassibile secondo la divinità, Egli si fece passibile e mortale secondo l'umanità; anzi, dopo aver sofferto sul legno della croce ed esser morto per la salvezza del genere umano, discese negli inferi, risorse dai morti e salì al cielo; ma discese con l'anima, risorse con la carne, salì con l'uno e l'altro. [...] Del resto, poiché l'anima è molto più preziosa del corpo, proibiamo ai medici sotto minaccia di anatema di consigliare all'ammalato per la salute del corpo qualche cosa che si risolva in danno per l'anima» (*DS* 801; 815).

Questo contributo della Chiesa medievale, durante uno dei concili più significativi dell'intera storia ecclesiale, ci mostra quanto profondo sia il legame tra la dottrina dell'anima spirituale e sostanziale e la cristologia stessa: la ragione che viene portata per confermare autorevolmente la realtà dell'anima è la stessa costituzione del Cristo, unione di anima razionale e di carne umana[188]. La sostanzialità legata alla razionalità dell'anima del Cristo è evidenziata nel passaggio in cui si parla della discesa agli inferi precedente alla risurrezione con la carne. L'altro veloce passaggio con cui si conclude la citazione ci mostra un accenno di indicazione di teologia morale che è sostenuta da una chiara teologia che riconosce una priorità di intenti, in vista della salvezza finale. In ciò non sarebbe logico vedere un disprezzo del corpo, non è neanche necessariamente deducibile dal testo, e se si interpreta in continuità con il magistero precedente diventa addirittura infondato; sicuramente si riconosce che la

[188] Partendo dalle istanze del Concilio di Calcedonia (451) in cui si esplicitano «le affermazioni relative all'unità e dualità in Cristo facendo della persona il principio dell'unità, e delle nature il principio della distinzione. La chiave espressiva del mistero cristologico è nelle parole "unica ipostasi in due nature"»: A. SABETTA, Teologia e Cristologia, LUP, Città del Vaticano 2013, 173.

realtà spirituale dell'uomo è una componente reale e preziosa e una logica motivazione alla priorità nello sforzo di preservarla dal male è la sua immortalità costitutiva.

È con il Concilio di Vienne, del 1312, nella costituzione *Fidei catholicae,* che si affronta direttamente la questione sostanziale dell'anima[189] vista in un contesto di dibattito antropologico:

> «Inoltre, sempre con l'approvazione del santo Concilio, ritroviamo come erronea e contraria alla verità della fede cattolica, ogni dottrina o tesi che asserisce temerariamente, o revoca in dubbio, che la sostanza dell'anima razionale o intellettiva non sia veramente e per sé la forma del corpo umano; e definiamo - perché sia nota a tutti la verità della pura fede e sia sbarrata la via ad ogni errore - che chiunque, in seguito, oserà asserire, difendere, o ritenere pertinacemente che l'anima razionale, cioè intellettiva, non sia la forma del corpo umano per sé ed essenzialmente, debba ritenersi come eretico» (*DS* 902).

I lavori di questo concilio portarono a rendere solida la struttura tomista dell'antropologia cristiana. Da questi passaggi si capisce che l'intento dei padri conciliari, nel pieno dell'epoca scolastica, non era semplicemente quello di difendere la realtà dell'esistenza dell'anima, ma principalmente quello di saldarne l'essenza all'essere umano. Il fatto di rimarcare come l'anima sia sostanzialmente forma del corpo, indica la vera garanzia per la visione unitaria dell'antropologia cristiana.

Rimandiamo a successive analisi un passaggio fondamentale dell'intervento magisteriale sull'anima e l'escatologia, ovvero il contributo della bolla *Benedictus Deus* del 1336, pochi decenni dopo il Concilio di Vienne. In questo frangente possiamo però far riferimento all'antefatto che portò alla dichiarazione di questa importantissima bolla: papa Giovanni XXII poco tempo prima, aveva esposto durante alcune catechesi un'antica convinzione riguardante il destino delle anime dei defunti, che rimarrebbero ad attendere la visione beatifica del Cristo fino al giudizio universale e alla risurrezione dei corpi, sotto l'altare delle chiese. Una siffatta dottrina, che si poneva in contraddizione con una fede ecclesiale diffusa e con il dato scritturistico, trovò immediati oppositori e scandalizzò le coscienze al punto che il papa dovette ritrattare poco dopo. Sopraggiunta la morte del pontefice, il nuovo papa eletto, Benedetto XII, redasse quasi immediatamente la bolla che riportava chiarezza sulla dottrina ecclesiale riguardo il destino delle anime una volta sopraggiunta la morte[190].

---

[189] «Come dichiara la Congregazione per la Dottrina della Fede: "la risurrezione si riferisce a tutto l'uomo", ma c'è anche la sopravvivenza e la sussistenza, dopo la morte, d'un elemento spirituale dotato di coscienza e di libertà, "io umano" che sussiste senza il complemento del corpo; per designare questo elemento, la Chiesa usa la parola "anima". L'esistenza di questa anima "razionale e intellettiva" era stata definita dal Concilio di Vienne»: GALOT, *L'escatologia dal Concilio Vaticano II ad oggi*, (10/05/2018).

[190] Rimandiamo anche la questione intorno alla bolla *Benedictus Deus*, all'analisi dell'ultimo capitolo di questo lavoro.

2.3.3 XVI SECOLO: CONTRO L'ARISTOTELISMO RINASCIMENTALE

Arriviamo già al XVI secolo riportando i passaggi di un fondamentale contributo, la bolla *Apostolici Regiminis* del 1513 elaborato durante i lavori del Concilio Lateranense V, che verrà anch'essa analizzata meglio nel prossimo capitolo. Il contesto in cui ci troviamo ora, radicalmente modificatosi rispetto all'epoca medievale precedente, è animato da sfide sociali e culturali piuttosto accese e basterà ricordare che di là a pochi anni scoppierà la frattura protestante e che le nuove scoperte geografiche avevano già cominciato ad alimentare nuove problematiche per l'antropologia[191]. Sin dal secolo precedente si era prepotentemente affacciato sul panorama culturale europeo un movimento che tendeva a rimettere l'uomo al centro dell'attenzione intellettuale, l'umanesimo[192]; le istanze di questo nuovo movimento furono piuttosto variegate e multiformi, e riguardavano sia l'arte in genere che la filosofia. In particolare per la filosofia, l'umanesimo rinascimentale pose al centro della sua riflessione la soggettività umana piuttosto che l'anima[193] e, ad opera del consolidarsi di idee e posizioni neo-averroiste, l'immortalità dell'anima diventava solamente materia di fede probabile ma non dimostrata né certa[194]. I padri conciliari risposero a tali tendenze con tono piuttosto deciso:

> «Ora, il seminatore di zizzania, l'antico nemico del genere umano, ha osato seminare e moltiplicare nel campo del Signore alcuni errori estremamente perniciosi, che i fedeli hanno sempre respinto, soprattutto sulla natura dell'anima razionale, secondo cui essa sarebbe mortale o unica in tutti gli uomini. Poiché alcuni, che si dedicano alla filosofia con leggerezza, sostengono che questa proposizione è vera, almeno secondo la filosofia, desiderando prendere gli opportuni provvedimenti contro questo flagello, con il consenso di questo santo Concilio, condanniamo e riproviamo tutti quelli che affermano che l'anima intellettiva è mortale o che è unica in tutti gli uomini, o quelli che avanzano dei dubbi a questo proposito: essa infatti, non solo è veramente, per sé ed essenzialmente, la forma del corpo umano, come si legge in un canone del nostro predecessore papa Clemente V, di felice memoria, pubblicato nel Concilio generale di Vienne, ma è anche immortale, e, data la moltitudine dei corpi nei quali è infusa individualmente, essa può essere, deve essere ed è moltiplicata» (*DS* 1440).

---

[191] Un dibattito famoso che riguardava direttamente la struttura antropologica fu quello riguardante la natura umana degli indigeni americani e la nozione aristotelica di schiavitù naturale. Un missionario esortava in questo modo: «Non sono essi uomini? Non hanno un'anima razionale? Non siete obbligati ad amarli come voi stessi?[...] Tenete per certo che a cagione del modo in cui vivete non potrete salvarvi più di quanto lo possano fare i mori e i turchi che ignorano o rifiutano la fede di Gesù Cristo»: Cfr. R. PATERNOSTER, *La prima carta dei diritti umani nacque nel nuovo mondo,* in http://win.storiain.net/arret/num110/artic6.asp (10 maggio 2018).

[192] L'umanesimo europeo e specialmente quello italiano fu caratterizzato da un rinnovato interesse per la cultura classica greco-romana e il termine stesso fa riferimento ad un cambio di prospettiva che si esplicava in un passaggio da un medioevo essenzialmente teocentrico ad un'era antropocentrica.

[193] Cfr. O'CALLAGHAN, *"anima"*, 93.

[194] Cfr. SCIACCA, *L'anima*, 150.

In questi passaggi di condanna si riconoscono come di nuovo attuali a quel tempo, le istanze dell'aristotelismo puro: anima intellettiva mortale e unica per tutti gli uomini. Questi passaggi sono fondamentali per avere un'ulteriore conferma che il sistema antropologico cristiano non si era mai appoggiato sulla filosofia aristotelica pura ma sulle sue categorie rielaborate, con la funzione di rendere ragione di una fede già ben chiara. Il portare alla ribalta la struttura classica dell'aristotelismo[195] con le sue aporie e cercare di applicarla direttamente all'anima umana divenne una grave fonte di confusione che era necessario sanare ribadendo proprio la nozione di forma sostanziale e di immortalità.

2.3.4 XXI SECOLO: LA CHIESA CONTEMPORANEA

«L'antropologia moderna preferisce parlare non tanto del fatto che l'uomo ha un'anima e un corpo, bensì che invece è anima e corpo. E alle volte si sottolinea che tanto l'anima come il corpo sono dell'uomo; il linguaggio esprime bene l'unità che siamo e sperimentiamo»[196]. Durante tutto l'arco temporale che va dal XVI secolo fino ai giorni nostri ci sono stati vari pronunciamenti significativi sulla realtà del soprannaturale e sulla natura spirituale dell'uomo. Molto dell'apparato della fede ecclesiale sulle realtà invisibili è stato affermato autorevolmente sin dai decreti dogmatici del Concilio di Trento sul finire di quel secolo e molto sarebbe stato scritto e affermato da eminenti autori in reazione ad una crescente sensibilità materialista e positivista, senza dimenticarci del periodo complesso che inizierà con il dibattito post-luterano che vede proprio nel campo delle realtà soprannaturali un punto di rottura con le istanze cattoliche. Basterà riferirsi alle istanze dell'Illuminismo e del Modernismo, movimenti intellettuali fortemente caratterizzati da una polemica antiscolastica e antimetafisica, e alle repliche dell'autorità ecclesiale per avere un'idea del materiale che potrebbe essere ricavato per aprire un ulteriore campo d'indagine sul tema delle realtà invisibili.

Strettamente necessario per noi è però ora il riportare i più recenti pronunciamenti sull'antropologia umana, che naturalmente comprende le basilari nozioni sul ruolo dell'anima. Un contributo fondamentale è preso dal documento *Gaudium et Spes*, al numero 14, del Concilio Vaticano II:

---

[195] Degna di nota è l'acuta analisi di Jacques Maritain sulla figura di Lutero, primo oppositore della dottrina della sostanzialità dell'anima, che sarebbe stato influenzato filosoficamente da un tipo di ragionamento di tipo rigidamente "causalistico" anche per l'azione morale, tipico del pensiero degli aristotelisti radicali. Vedi: J. MARITAIN, *Tre riformatori. Lutero, Cartesio, Rousseau*, Brescia: Morcelliana, 1964 (ed. or. franc. 1937).

[196] L. LADARIA, *"antropologia cristiana"*, In: *Dizionario di Teologia Fondamentale*, a cura di R. FISICHELLA, Cittadella Editrice, Assisi 1990, 54.

«Unità di anima e di corpo, l'uomo sintetizza in sé, per la stessa sua condizione corporale, gli elementi del mondo materiale, così che questi attraverso di lui toccano il loro vertice e prendono voce per lodare in libertà il Creatore. Non è lecito dunque disprezzare la vita corporale dell'uomo. Al contrario, questi è tenuto a considerare buono e degno di onore il proprio corpo, appunto perché creato da Dio e destinato alla risurrezione nell'ultimo giorno. E tuttavia, ferito dal peccato, l'uomo sperimenta le ribellioni del corpo. Perciò è la dignità stessa dell'uomo che postula che egli glorifichi Dio nel proprio corpo e che non permetta che esso si renda schiavo delle perverse inclinazioni del cuore. L'uomo, in verità, non sbaglia a riconoscersi superiore alle cose corporali e a considerarsi più che soltanto una particella della natura o un elemento anonimo della città umana. Infatti, nella sua interiorità, egli trascende l'universo delle cose: in quelle profondità egli torna, quando fa ritorno a se stesso, là dove lo aspetta quel Dio che scruta i cuori là dove sotto lo sguardo di Dio egli decide del suo destino. Perciò, riconoscendo di avere un'anima spirituale e immortale, non si lascia illudere da una creazione immaginaria che si spiegherebbe solamente mediante le condizioni fisiche e sociali, ma invece va a toccare in profondo la verità stessa delle cose» (*GS* 14).

Nel periodo post-conciliare della Chiesa, addentrata in un mondo caratterizzato da una cultura secolare ormai estesa a confini ben più estesi del continente europeo, uno dei più importanti contributi è sicuramente quello della lettera "Questioni concernenti l'escatologia", ad opera della Congregazione per la dottrina della fede, il 17 maggio 1979. Il confronto con le filosofie e le religioni dell'oriente asiatico tendenti a riproporre quel concetto simil-ellenistico di disprezzo del corpo e il confronto con posizioni filosofiche e teologiche contemporanee[197] che si facevano sempre più scettiche sulla realtà della sostanza spirituale, aveva reso necessario ribadire la dottrina immutata.

«Si sente discutere dell'esistenza dell'anima, del significato della sua sopravvivenza, e ci si domanda quale relazione passi tra la morte del cristiano e la risurrezione universale. Il popolo cristiano è disorientato, perché non ritrova più il suo vocabolario e le sue nozioni familiari. Certamente, non si tratta di limitare o, addirittura, di impedire una ricerca teologica, della quale la fede della Chiesa ha bisogno e dalla quale deve poter trarre vantaggio. Tuttavia, ciò non può fare rinunciare al dovere di garantire tempestivamente la fede dei cristiani circa i punti che sono messi in dubbio. Di questo duplice e difficile dovere intendiamo richiamare brevemente la natura e gli aspetti, nella presente situazione così delicata. È necessario, innanzitutto, che quanti hanno la missione di insegnare abbiano ben chiaro ciò che la Chiesa considera come appartenente alla essenza della sua fede; la ricerca teologica non può avere altra finalità se non quella di approfondirlo e di spiegarlo. Questa Sacra Congregazione, avendo la responsabilità di promuovere e di tutelare la dottrina della fede, intende qui richiamare l'insegnamento che la Chiesa propone a nome di Cristo, specialmente circa quel che avviene tra la morte del cristiano e la risurrezione universale. La Chiesa crede (cfr. *Credo*) ad una risurrezione dei morti. La Chiesa intende tale risurrezione come riferentesi all'uomo tutt'intero; per gli eletti questa non è altro che l'estensione agli uomini della risurrezione stessa di Cristo. La Chiesa afferma la sopravvivenza e la sussistenza, dopo la morte, di un elemento spirituale, il quale è dotato di coscienza e di volontà, in modo tale che l'io umano sussista. Per designare un tale elemento, la Chiesa adopera la parola anima, consacrata dall'uso della S. Scrittura e della Tradizione. Senza ignorare che questo termine assume nella Bibbia diversi significati, essa ritiene tuttavia che non esista alcuna seria ragione per respingerlo

[197] Abbiamo già presentato l'intuizione del cardinal Camillo Ruini sulla strana convergenza tra le filosofie asiatiche e il moderno scientismo.

e considera, inoltre, che è assolutamente indispensabile uno strumento verbale per sostenere la fede dei cristiani» (*DS* 4650-4653).

Ci troviamo di fronte ad una sorta di simbolo della fede che mette in chiaro le realtà credute infallibilmente dalla Chiesa. Il fatto che certe dichiarazioni siano state messe così chiaramente esposte sembra rispondere all'esigenza di affermare, con autorità e semplicità, quegli articoli di fede che possono essere entrati in crisi nel mondo contemporaneo. L'uso delle parole "elemento spirituale" per indicare la natura dell'anima, che è allo stesso tempo sussistente e sopravvivente, è di una chiarezza significativa sia per capire l'importanza di definire un concetto non equivoco di anima che per intuire quanto fosse divenuta profonda la crisi nella comprensione di questa entità. In genere le dichiarazioni di fede si muovono dall'esigenza di porre rimedio ad una crisi dottrinale o all'affacciarsi di un'eresia in seno alla Chiesa; in questo caso possiamo verificare facilmente come ci si trovasse in una crisi della realtà dottrinale dell'anima tuttora non completamente risolta.

Anche se può sembrare sorprendente, un ulteriore contributo alla discussione sulla componente spirituale dell'uomo ci viene da un documento piuttosto recente, nato per proporre una visione cristiana alla soluzione dei problemi sociali contemporanei. Nell'enciclica *Sollicitudo Rei Socialis* del 1987 ad opera di san Giovanni Paolo II troviamo infatti questo interessante passaggio:

> «Ma per conseguire il vero sviluppo è necessario non perder mai di vista detto parametro, che è nella natura specifica dell'uomo, creato da Dio a sua immagine e somiglianza (*Gen* 1,26). Natura corporale e spirituale, simboleggiata nel secondo racconto della creazione dai due elementi: la terra, con cui Dio plasma il fisico dell'uomo, e l'alito di vita, soffiato nelle sue narici (*Gen* 2,7). L'uomo così viene ad avere una certa affinità con le altre creature: è chiamato a utilizzarle a occuparsi di esse e sempre secondo la narrazione della Genesi (*Gen* 2,15) è posto nel giardino col compito di coltivarlo e custodirlo, al di sopra di tutti gli altri esseri collocati da Dio sotto il suo dominio (*Gen* 1,25). Ma nello stesso tempo l'uomo deve rimanere sottomesso alla volontà di Dio, che gli prescrive limiti nell'uso e nel dominio delle cose (*Gen* 2,16), così come gli promette l'immortalità (*Gen* 2,9); (*Sap* 2,23). L'uomo, pertanto, essendo immagine di Dio, ha una vera affinità anche con lui» (*DS* 4812).

Il ragionamento usato da Giovanni Paolo II è interessante perché associa il racconto della creazione in Genesi alla struttura ilemorfica dell'uomo: l'uomo è rappresentato come unione di un corpo terrestre e dell'alito di vita divina. Essendo stato soffiato da Dio, questo alito di vita rimane come elemento di unione e di somiglianza tra Dio e l'uomo. L'uomo è quindi ad immagine di Dio essenzialmente per questa intima realtà "pneumatica" ed ha con Lui una vera affinità proprio come, nell'ambito fisico, ce l'ha con le altre creature. L'anima non è quindi semplicemente "contenuta" nel corpo umano ma può essere considerata la peculiare identità umana.

Un significativo contributo, nel contesto del magistero petrino, ci viene ovviamente anche da papa Benedetto XVI, il cui pensiero in qualità di teologo a riguardo del nostro tema avremo modo di apprezzare nei dettagli nell'ultimo capitolo. Il papa tedesco, durante un'omelia in occasione della solennità dei santi Pietro e Paolo nel 2009, fece un chiaro riferimento alla crisi del concetto di anima nel contesto teologico e pastorale contemporaneo; proprio legando questi due aspetti e fondando la propria riflessione sul dato scritturistico, afferma:

> «Alla fine vorrei far notare ancora una piccola, ma importante parola di san Pietro. Subito all'inizio della Lettera egli ci dice che la mèta della nostra fede è la salvezza delle anime (cfr. *1Pt* 1, 9-14). Nel mondo del linguaggio e del pensiero dell'attuale cristianità questa è un'affermazione strana, per alcuni forse addirittura scandalosa. La parola "anima" è caduta in discredito. Si dice che questo porterebbe ad una divisione dell'uomo in spirito e fisico, in anima e corpo, mentre in realtà egli sarebbe un'unità indivisibile. Inoltre "la salvezza delle anime" come mèta della fede sembra indicare un cristianesimo individualistico, una perdita di responsabilità per il mondo nel suo insieme, nella sua corporeità e nella sua materialità. Ma di tutto questo non si trova nulla nella Lettera di san Pietro. Lo zelo per la testimonianza in favore della speranza, la responsabilità per gli altri caratterizzano l'intero testo. Per comprendere la parola sulla salvezza delle anime come mèta della fede dobbiamo partire da un altro lato. Resta vero che l'incuria per le anime, l'immiserirsi dell'uomo interiore non distrugge soltanto il singolo, ma minaccia il destino dell'umanità nel suo insieme. Senza risanamento delle anime, senza risanamento dell'uomo dal di dentro, non può esserci una salvezza per l'umanità. La vera malattia delle anime, san Pietro la qualifica come ignoranza cioè come non conoscenza di Dio. Chi non conosce Dio, chi almeno non lo cerca sinceramente, resta fuori della vera vita»[198].

2.3.5 Il catechismo della Chiesa cattolica

La riflessione teologica ha rimosso tutte quelle infiltrazioni che consideravano la materia come un principio malvagio ed estraneo[199] e le dichiarazioni del magistero hanno affermato l'unità dell'uomo nella pluralità delle sue dimensioni, rifiutando in modo forte il dualismo e riduzionismo[200]. Dal Catechismo della Chiesa cattolica abbiamo una definizione chiara dell'antropologia cristiana nella sezione dedicata al mistero dell'unità di anima e corpo, *corpore et anima unus*. Iniziamo l'analisi cominciando dal primo numero della sezione:

---

[198] Benedetto XVI, *Omelia in occasione della solennità dei santi Pietro e Paolo*, Acta Apostolicae Sedis 101 (2009), 596 – 601.

[199] Cfr. D'Onghia, *L'anima è il nostro cervello?*, 170.

[200] Cfr. *ivi*, 171.

«La persona umana, creata a immagine di Dio, è un essere insieme corporeo e spirituale. Il racconto biblico esprime questa realtà con un linguaggio simbolico, quando dice: "Dio plasmò l'uomo con polvere del suolo e soffiò nelle sue narici un alito di vita, e l'uomo divenne un essere vivente" (*Gn* 2,7). L'uomo tutto intero è quindi voluto da Dio» (*CCC* 362).

La realtà dell'unione tra corporeo e spirituale quindi si evince anche in questo caso dal racconto della creazione nel libro della Genesi. Una realtà, quella umana, frutto dell'unione tra la materia terrestre e l'alito di vita che proviene dal soffio divino; Dio vuole e crea l'uomo per propria volontà. Si evince l'intenzione di significare come l'essere umano non sia assolutamente necessario all'ordine naturale e ancor meno all'ordine divino, ma che sia frutto dell'assoluta libertà di Dio. La creazione dell'uomo, parte finale del racconto della creazione in Genesi, è il sigillo dell'opera di Dio e ciò per cui specialmente si compiace, che realizza l'unione armoniosa tra il Creatore e tutto il creato.

«Spesso, nella Sacra Scrittura, il termine anima indica la vita umana, oppure tutta la persona umana. Ma designa anche tutto ciò che nell'uomo vi è di più intimo e di maggior valore, ciò per cui più particolarmente egli è immagine di Dio: anima significa il principio spirituale nell'uomo» (*CCC* 363).

Il Catechismo spiega che spesso nella redazione biblica il termine anima non ha mantenuto un unico significato ma rende comunque l'idea di un'entità che caratterizza peculiarmente l'uomo come essere vivente. Nel termine anima è inserito il messaggio fondamentale che dice dell'uomo il suo principio fontale: essere immagine di Dio.

«Il corpo dell'uomo partecipa alla dignità di immagine di Dio: è corpo umano proprio perché è animato dall'anima spirituale, ed è la persona umana tutta intera ad essere destinata a diventare, nel corpo di Cristo, il tempio dello Spirito. Unità di anima e di corpo, l'uomo sintetizza in sé, per la sua stessa condizione corporale, gli elementi del mondo materiale, così che questi, attraverso di lui, toccano il loro vertice e prendono voce per lodare in libertà il Creatore. Allora, non è lecito all'uomo disprezzare la vita corporale; egli anzi è tenuto a considerare buono e degno di onore il proprio corpo, appunto perché creato da Dio e destinato alla risurrezione nell'ultimo giorno» (*CCC* 364).

In questo numero si rende chiaro il fatto che il cristiano rende onore al proprio corpo e alla vita corporale, senza disprezzare o denigrare ciò che è stato scelto da Dio come proprio tempio. L'uomo proprio nella sua totalità è sintesi di un'armonia divina e custode di un corpo che ha ricevuto la promessa di essere associato alla stessa carne del Cristo.

«L'unità dell'anima e del corpo è così profonda che si deve considerare l'anima come la forma del corpo; ciò significa che grazie all'anima spirituale il corpo, composto di materia, è un corpo umano e vivente; lo spirito e la materia, nell'uomo, non sono due nature congiunte, ma la loro unione forma un'unica natura» (*CCC* 365).

In questo numero si presenta l'eredità della riflessione cristiana, eredità ottenuta tramite un'armoniosa sintesi tra la rivelazione divina e l'ingegno umano anche pre-cristiano. Il concetto di forma è presentato in un modo perfettamente comprensibile anche a chi fosse poco avvezzo alle categorie aristotelico-tomiste e si aggancia all'intuitiva idea di principio vitale del corpo. Interessante è la distinzione in tal senso tra corpo e corpo umano vivente.

«La Chiesa insegna che ogni anima spirituale è creata direttamente da Dio – non è prodotta dai genitori – ed è immortale: essa non perisce al momento della sua separazione dal corpo nella morte, e di nuovo si unirà al corpo al momento della risurrezione finale» (*CCC* 366).

In questo significativo e corposo passaggio si condensano istanze che hanno dato vita ad accesi dibattiti lungo i secoli e che si perdono nelle aporie della filosofia platonica e aristotelica. L'idea che le anime fossero preesistenti è una peculiarità della filosofia platonica ma in genere tutta la filosofia greca era condizionata dall'assenza di una riflessione sulla creazione *ex nihilo*, prettamente giudeo-cristiana. Per quanto lontana dalle istanze della fede della Chiesa, l'idea di una non meglio precisata preesistenza delle anime rimase in qualche modo in seno ad essa, fino alla soglia del Medioevo. La filosofia cristiana marcherà le proprie distanze dalla filosofia aristotelica sul principio dell'immortalità dell'anima, che era addirittura inaccettabile da quest'ultimo sistema. La Chiesa odierna in questo modo esprime e conferma lo sguardo armonico sull'uomo, messo a rischio nel passare dei secoli dai neo-platonici e dagli aristotelici radicali, in linea con ciò che si ricava dai suoi pronunciamenti passati.

«Talvolta si dà il caso che l'anima sia distinta dallo spirito. Così san Paolo prega perché il nostro essere tutto intero, "spirito, anima e corpo, si conservi irreprensibile per la venuta del Signore" (*1Ts* 5, 23). La Chiesa insegna che tale distinzione non introduce una dualità nell'anima. Spirito significa che sin dalla sua creazione l'uomo è ordinato al suo fine soprannaturale, e che la sua anima è capace di essere gratuitamente elevata alla comunione con Dio» (*CCC* 367).

Questo passaggio del catechismo ci è stato già utile per comprendere meglio l'apparente tricotomia paolina. Ovviamente si deve evitare il pericolo che allontanata la rigida dualità platonica tra anima e corpo, nella mente dei fedeli si introduca un'altra rigida dualità interna al principio spirituale umano invece dell'unione comunionale con il principio spirituale divino. Le immagini bibliche sono sempre da approfondire, visto il loro denso carico di significati, e la corretta ermeneutica, poggiata alle solidi basi della fede ci permette di evitare le possibili aporie filosofiche e di aprirci alla ricchezza delle esortazioni esistenziali.

> «La tradizione spirituale della Chiesa insiste anche sul cuore, nel senso biblico di profondità dell'essere (*in visceribus*: *Ger* 31, 33), dove la persona si decide o non si decide per Dio» (*CCC* 368).

Nell'analisi dei termini veterotestamentari abbiamo già notato come il termine che esprime meglio il concetto cristiano di anima è *nefesh* e che questo ha un legame stretto con gli organi strettamente legati alla sopravvivenza. Il parallelismo tra principio spirituale e organi interni ed essenziali alla vita esprime un senso profondo di consapevolezza della funzione vitale dell'anima. Il cuore, sede per eccellenza delle decisioni umane più intime, esprime in questo caso specifico la profondità e l'essenzialità dell'anima per l'uomo.

Come sintesi di tutti i passaggi di questa sezione dedicata all'unione di anima e corpo, il catechismo riporta l'essenzialità dell'espressione della dottrina cristiana sulla realtà dell'anima, basata sicuramente sulla struttura ilemorfica dell'uomo, ma anche e soprattutto sull'azione creativa di Dio: «L'uomo è "unità di anima e di corpo" [*GS* 14]. La dottrina della fede afferma che l'anima spirituale e immortale è creata direttamente da Dio» (*CCC* 382). In questo passaggio si può intendere che prima di tutte le ragioni di carattere logico e filosofico, alla base della fede nella natura spirituale dell'anima c'è la consapevolezza del suo legame immortale e genetico con il suo Creatore.

2.3.6 Il Purgatorio: un motivo ed una conseguenza

Una considerazione riguardo l'insegnamento ecclesiale sull'escatologia, che rivela anche il dato di fede sulla realtà sostanziale dell'io umano in quello che è stato definito lo stadio intermedio delle anime, dev'essere fatta anche sulle "realtà ultime" dell'esistenza umana[201], così come vengono descritte nel catechismo della Chiesa cattolica. Leggiamo riguardo a questo passaggio anche il significativo estratto dalla bolla *Benedictus Deus* del 1336, che abbiamo già anticipato come passo fondamentale:

> «Con la nostra apostolica autorità definiamo che, per disposizione generale di Dio, le anime di tutti i santi morti prima della passione di Cristo. [...] e quelle di tutti i fedeli morti dopo aver ricevuto il santo Battesimo di Cristo, nelle quali al momento della morte

[201] «La permanenza di questo elemento spirituale assicura l'esistenza di ciò che viene chiamato escatologia intermedia, cioè l'escatologia che concerne il periodo dalla morte alla risurrezione dei corpi. E' l'escatologia propria all'anima immortale»: Galot, *L'escatologia dal Concilio Vaticano II ad oggi*.

non c'era o non ci sarà nulla da purificare, oppure, se in esse ci sarà stato o ci sarà qualcosa da purificare, quando, dopo la morte, si saranno purificate, [...] anche prima della risurrezione dei loro corpi e del giudizio universale - e questo dopo l'Ascensione del Signore e Salvatore Gesù Cristo al Cielo - sono state, sono e saranno in Cielo, associate al Regno dei cieli e al Paradiso celeste con Cristo, insieme con i santi angeli. E dopo la passione e la morte del nostro Signore Gesù Cristo, esse hanno visto e vedono l'essenza divina in una visione intuitiva e anche a faccia a faccia, senza la mediazione di alcuna creatura» (*DS* 1000).

Da questo contributo ricaviamo molto materiale per approfondire la nostra comprensione sull'escatologia cristiana e anche quali siano le esigenze teologiche per la dottrina sulla sostanzialità dell'anima. Il contenuto della bolla di Benedetto XII ci ricorda che le anime dei defunti subito dopo il decesso passano attraverso un processo che implica necessariamente una sostanzialità e una coscienza. Sappiamo quindi che le anime dei fedeli defunti possono trovarsi subito dopo al cospetto di Dio, anche prima della risurrezione finale universale, condizione che implica già di per sé una coscienza ed una sussistenza, ma il fatto che esiste la possibilità di una purificazione previa all'incontro con Dio e successiva alla morte, rafforza la necessità logica, in questa prospettiva di fede, del fatto che un'anima sussistente sia ciò che debba affrontare questo passaggio. Nel mistero del cosiddetto purgatorio o della purificazione finale degli eletti noi vediamo anche la mancanza di una sorta di automaticità nell'escatologia: il fatto che l'anima abbia la possibilità di trovarsi al cospetto di Dio appena compiuto il transito da questa vita biologica a quella ultraterrena, significa che l'uomo deve confrontarsi con le conseguenze delle proprie libere scelte, sia durante il corso della propria esistenza che nell'ultimo istante[202].

«Coloro che muoiono nella grazia e nell'amicizia di Dio, ma sono imperfettamente purificati, sebbene siano certi della loro salvezza eterna, vengono però sottoposti, dopo la loro morte, ad una purificazione, al fine di ottenere la santità necessaria per entrare nella gioia del Cielo» (*CCC* 1030).

In questa prospettiva l'analisi del mistero della dottrina sul Purgatorio, che infatti è sempre fonte di accesi dibattiti sia interni che esterni alla realtà cattolica[203], è ancora più utile della dottrina sugli altri "Novissimi", in quanto presuppone la coscienza dell'entità umana tra la morte personale e il giudizio universale, mentre nel caso di Paradiso o Inferno possono sussistere teorie che giustificano questi stati con categorie non propriamente metafisiche. I risultati di alcune di queste ultime teorie le affronteremo con l'aiuto di Joseph Ratzinger nell'ultimo capitolo.

---

[202] Cfr. RATZINGER, *Escatologia*, 128.
[203] la teologia protestante la rifiuta categoricamente.

La purificazione degli eletti implica una certezza della salvezza finale ed è per questo che le pene “purganti” non sono associabili alle pene infernali: essendo diversamente finalizzate devono anche essere essenzialmente diverse. Sin dall’esperienza delle prime comunità cristiane nel contesto delle persecuzioni, si aveva abbastanza chiara l’idea che esistevano vari gradi di adesione alla fede e non tutti i cristiani, anche tra coloro che potessero avere un’adesione sincera, erano capaci di affrontare le stesse prove o almeno negli stessi tempi; la dottrina del purgatorio si inserisce in quella convinzione riguardo la Misericordia divina che non annullava la realtà della condanna del personale rifiuto di Dio come anche del singolare premio ad un’eroica testimonianza di fede.

> «La Chiesa chiama Purgatorio questa purificazione finale degli eletti, che è tutt'altra cosa dal castigo dei dannati. La Chiesa ha formulato la dottrina della fede relativa al Purgatorio soprattutto nei Concili di Firenze [cfr. DS1304] e di Trento [cfr. DS 1820; 1580]. La Tradizione della Chiesa, rifacendosi a certi passi della Scrittura, [cfr. *1Cor* 3,15; *1Pt* 1,7] parla di un fuoco purificatore: “Per quanto riguarda alcune colpe leggere, si deve credere che c'è, prima del Giudizio, un fuoco purificatore; infatti colui che è la Verità afferma che, se qualcuno pronuncia una bestemmia contro lo Spirito Santo, non gli sarà perdonata né in questo secolo, né in quello futuro”. (*Mt* 12, 31) Da questa affermazione si deduce che certe colpe possono essere rimesse in questo secolo, ma certe altre nel secolo futuro [San Gregorio Magno, Dialoghi, 4, 39]» (*CCC* 1031).

La dottrina del purgatorio si inserisce in un contesto profondamente evangelico e rende ragione di affermazioni che altrimenti rimarrebbero insolute; inoltre mostra, anche nell’immagine del fuoco purificatore, un’immagine di liberazione dalle scorie del peccato piuttosto che l’idea di una mera punizione dolorifica.

> «Questo insegnamento poggia anche sulla pratica della preghiera per i defunti di cui la Sacra Scrittura già parla: “Perciò [Giuda Maccabeo] fece offrire il sacrificio espiatorio per i morti, perché fossero assolti dal peccato” (*2Mac* 12, 45). Fin dai primi tempi, la Chiesa ha onorato la memoria dei defunti e ha offerto per loro suffragi, in particolare il sacrificio eucaristico, [cfr. Concilio di Lione II: DS 856] affinché, purificati, possano giungere alla visione beatifica di Dio. La Chiesa raccomanda anche le elemosine, le indulgenze e le opere di penitenza a favore dei defunti: “Rechiamo loro soccorso e commemoriamoli. Se i figli di Giobbe sono stati purificati dal sacrificio del loro padre, [Cfr. *Gb* 1, 5] perché dovremmo dubitare che le nostre offerte per i morti portino loro qualche consolazione? Non esitiamo a soccorrere coloro che sono morti e ad offrire per loro le nostre preghiere” [San Giovanni Crisostomo, Homiliae in primam ad Corinthios, 41, 5: PG 61, 594-595]» (*CCC* 1032).

Il fondamento biblico veterotestamentario della fede sulla realtà dello stato intermedio, che è plausibilmente purgante anche solo se visto in prospettiva di quell’anima che pur anelandola non è ancora giunta alla pienezza dell’incontro con Dio, poggia sulle opere di carità spirituali, lodate nel contesto giudaico, come le preghiere e i sacrifici espiatori per i defunti, in vista della riparazione di colpe presunte o manifeste.

Il Purgatorio infine può essere definito «un concetto specificamente cristiano se lo si intende nel senso cristologico, cioè, che il Signore stesso è il fuoco giudicante, che trasforma l'uomo e lo rende conforme al Suo corpo glorificato»[204]. Ratzinger afferma inoltre che sarebbe un'ingenuità ermeneutica obiettare che in fondo l'opera perfezionatrice e purificatrice di Dio sull'uomo si concentrerebbe tutta nell'ultimo giorno e che quindi entrare nella realtà di Dio significherebbe entrare nel proprio destino definitivo ed essere immersi solo in un "fuoco escatologico"[205]. L'interpretazione cristiana della natura del Purgatorio non è neanche quella di una sorta di campo di concentramento dell'aldilà dove l'uomo debba espiare delle pene che gli vengono imposte[206], piuttosto è quella di un processo necessario alla trasformazione spirituale dell'uomo che lo mette in grado di essere vicino al Cristo nella comunione dei santi. La visione realistica della situazione umana rende ragionevole la comprensione di questa necessità, dove la Grazia opera pienamente senza la mediazione delle opere; ciò che salva è il sì alla fede[207]. L'incontro con il Signore è segnato dalla Sua misericordia ma l'uomo deve essere trasformato e la dottrina sul Purgatorio si fonda sulla grazia cristologica della penitenza ecclesiastica ed è conseguenza dell'interiore necessità dell'idea di espiazione[208].

---

[204] RATZINGER, *Escatologia*, 228.
[205] Cfr. *ibidem.*
[206] Come invece riteneva Tertulliano. Cfr. *ibidem.*
[207] Cfr. *ivi*, 230.
[208] Secondo le riflessioni di san Cipriano e san Clemente. Cfr. *ibidem.*

CAPITOLO TERZO

3. RISVOLTI SPECULATIVI NELLA TEOLOGIA SISTEMATICA

Per poter fare una sintesi coerente delle varie analisi presentate nei capitoli precedenti, è necessario presentare sistematicamente il pensiero dei teologi che hanno maggiormente approfondito il tema in questione. Nella fattispecie presenteremo san Tommaso d'Aquino, il massimo rappresentante della filosofia scolastica medievale, autore della *Summa Theologiae* e tuttora l'autore che ha maggiormente contribuito al tema della dottrina dell'anima e Joseph Ratzinger che, ben prima di salire al soglio pontificio è stato uno dei principali consultori al Concilio Vaticano II e tra i maggiori teologi contemporanei, che ha contribuito grandemente a sanare i paradossi e i pregiudizi che si sono accumulati, soprattutto negli ultimi secoli, su tutta la questione del soprannaturale; ovviamente ci concentreremo sulle specifiche dell'anima spirituale.

3.1 TOMMASO D'AQUINO

Lo studio del santo Aquinate sull'anima è sicuramente tra i più completi e complessi che siano mai stati compiuti e le sue tesi filosofiche hanno un doppio valore storico e teoretico [209]. I problemi maggiormente dibattuti sin dall'antichità intorno al problema dell'anima sono essenzialmente i quattro che abbiamo precedentemente presentato al paragrafo dedicato alla filosofia, nel capitolo precedente. Tommaso li affronta sistematicamente tutti: la sua natura, la sua origine, i suoi rapporti col corpo e la sua sopravvivenza dopo la morte del corpo[210]. In questa analisi sul nostro tema, nel contesto del pensiero tomista, possiamo sintetizzare queste ultime quattro istanze in due parti: la prima riguarderà la natura e le proprietà dell'anima e la seconda riguarderà la specifica antropologia

[209] Cfr. MARASSI, *L'attualità del problema dell'anima,* 53.
[210] Cfr. *ivi*, 48.

filosofica e teologica di san Tommaso. Ricordiamo che ai tempi del santo domenicano il mondo filosofico e teologico era del tutto schierato con la riflessione agostiniana, più precisamente con un certo agostinismo, e di conseguenza la speculazione era di matrice neoplatonica e vedeva con profondo sospetto la non del tutto sconosciuta filosofia aristotelica[211]. Sicuramente non aiutava il fatto, come è già stato accennato precedentemente, che la filosofia aristotelica fosse entrata nel mondo latino attraverso i commenti del filosofo islamico Averroè, il quale aveva posizioni oggettivamente inconciliabili con le esigenze della fede cristiana, tra cui è fondamentale quella della mortalità dell'anima intellettiva. San Tommaso intuirà la bontà delle categorie aristoteliche per superare quelle aporie platoniche che impedivano di rendere completamente ragione della speranza cristiana e per evitare ogni possibile contaminazione con le teorie averroiste si impegnerà in una monumentale opera di commento personale a tutte le principali opere dello stagirita, arrivando a conclusioni frutto di una sintesi originale che permetterà di rendere finalmente solido l'apparato filosofico cristiano[212]. La sua opera infatti costituisce tuttora una pietra miliare per la filosofia e la teologia cattolica, basti pensare alle dichiarazioni in tal senso del magistero moderno e contemporaneo (cfr. *OT* 16) che invitano i fedeli e i pastori cristiani a mantenersi ben saldi al riferimento della struttura tomistica della visione della realtà, che unisce felicemente, in una prospettiva superiore, l'empirismo di Aristotele e Averroè e l'idealismo di Platone e di sant'Agostino[213].

3.1.1 Natura e proprietà dell'anima

Per Tommaso l'anima è innanzitutto di natura immateriale, ovvero spirituale, ed ha una proprietà fondamentale, la sostanzialità[214]. Quando egli afferma ciò intende esprimere la realtà di un ente sussistente che opera con un'attività «sua propria in cui non entra il corpo»[215], un essere incorporeo e sussistente. L'anima quindi, oltre a essere forma sostanziale, è forma sussistente, possiede cioè un essere autonomo, come risulta del fatto che essa compie delle operazioni indipendentemente dal corpo: la conoscenza che l'anima può avere di tutti i corpi, la conoscenza dell'universale e l'autocoscienza[216]. Le considerazioni di san Tommaso per giustificare la necessità logica di una dimensione immateriale nella struttura umana ci

[211] Quest'ultima aveva infatti già fatto la sua comparsa nelle grandi università del tempo. Cfr. Marassi, *L'attualità del problema dell'anima*, 48.
[212] Cfr. *ivi*, 49.
[213] Cfr. Mondin, *"anima"*, 53.
[214] Cfr. *ivi*, 49.
[215] *Ibidem*.
[216] Cfr. Ghisalberti, *Anima e corpo in Tommaso d'Aquino*, 285.

conducono al fatto che la conoscenza di sé da parte dell'intelletto, nella autoriflessione o nell'autocoscienza, può essere prerogativa di una facoltà totalmente immateriale, poiché l'esperienza stessa attesta che «il senso non può concepire i suoi atti»[217]. Il fatto poi che l'intelletto o anima possa avere come oggetti di conoscenza tutti i corpi implica che la sua conoscenza proceda da un soggetto spoglio della forma del conosciuto, spoglio cioè di ogni forma corporea[218]. In base ai testi dell'Aquinate, la conoscenza di noi stessi non è mai un dato di conoscenza immediata, come invece si evince dal modello del *cogito* cartesiano, ma implica sempre un momento riflessivo dell'intelletto, una riflessione che produce la conoscenza vera e propria di sé come potenza conoscente[219]. San Tommaso diceva che bisogna giustificare che ciò per cui viviamo e sentiamo è principio del vivere come forma e non come materia: in questo c'è un'acuta distinzione di Tommaso tra il principio dell'essere e l'essere stesso[220].

L'intelletto ancor più propriamente è definito da san Tommaso come una delle due facoltà dell'anima insieme alla volontà. Il primo presiede al modo di conoscere e la seconda al modo del volere e del desiderare. All'intelletto spetta anche la memoria che non è propriamente una potenza da esso distinta ma è funzione conservativa dell'intelletto che si è impossessato delle idee. Così pure la ragione non è propriamente una potenza distinta dall'intelletto[221]. La volontà è la facoltà con cui l'uomo tende al bene universale e solo questo bene la può appagare pienamente. Ad essa appartiene il libero arbitrio grazie al quale essa è padrona dei propri atti e degli atti compiuti dalle altre facoltà. La volontà è libera perché l'uomo è dotato di intelletto e di conseguenza di quella ragione che gli fa conoscere il grado di bontà degli obiettivi che intende perseguire. In definitiva il libero arbitrio sta alla volontà come la ragione sta all'intelletto[222].

L'immortalità dell'anima è una dote naturale che è diretta conseguenza della sua spiritualità e non può essere neanche intaccata dal peccato originale. Neppure Dio, che pure ha ovviamente il potere di ridurre al nulla tutto ciò che ha condotto all'essere, priva l'anima della sua immortalità, perché nel suo governo delle cose non va mai contro le disposizioni naturali di cui le ha dotate. San Tommaso, pur facendo sue le categorie aristoteliche, non compromette la tesi dell'immortalità dell'anima e coglie dal suo statuto ontologico di forma del corpo il principale argomento a favore di questa peculiarità. L'essere compete all'anima

---

[217] GHISALBERTI, *Anima e corpo in Tommaso d'Aquino*, 285.
[218] Cfr. *ibidem.*
[219] Cfr. GHISALBERTI, *Anima e corpo in Tommaso d'Aquino*, 289.
[220] Cfr. MARASSI, *L'attualità del problema dell'anima,* 314.
[221] Cfr. MONDIN, *"anima"*, 51.
[222] Cfr. *ibidem.*

come forma del corpo già prima che si realizzi il composto e non in seguito[223]; dice infatti l'Aquinate legando il concetto dell'essere con l'immortalità:

> «Anima illud esse in quo ipsa subsistit, communicat materiae corporali, ex qua et anima intellectiva fit unum, ita quod illud esse quod est totius compositi, est etiam ipsius animae. Quod non accidit in aliis formis, quae non sunt subsistentes. Et propter hoc anima humana remanet in suo esse, destructo corpore, non autem aliae formae[224]» (*ST* p. I, q. 76, a. 1).

L'anima è sicuramente di natura immateriale e spirituale, ma occorre dimostrarlo razionalmente perché non può bastare semplicemente l'introspezione, come ritenevano alcuni agostiniani. San Tommaso afferma a tal proposito che, considerando il fatto che il modo di operare corrisponde al suo modo d'essere e che il principio intellettivo, chiamato mente o intelletto, ha un'attività sua propria in cui non entra il corpo, allora abbiamo una prova razionale dell'immaterialità dell'anima umana, visto anche che «niente può operare per se stesso, se non sussiste per se stesso»[225]. Piuttosto efficace e suggestivo è anche un suo esempio sulla salute del corpo: ciò grazie a cui conosciamo è sia la scienza sia l'anima e ciò per cui siamo sani è sia la salute così come il corpo. Ma la scienza e la salute sono, in questo esempio, entrambi forma, mentre l'anima e il corpo giocano entrambi il ruolo di materia perché scienza e salute sono atti di ciò che è disposto a riceverli. Quindi l'anima è principio del vivere come forma e non come materia in quanto diciamo che principalmente conosciamo per la scienza mentre siamo sani principalmente per la salute: il corpo quindi è vivente in quanto ha l'anima e «il corpo è in potenza rispetto all'anima»[226].

Come abbiamo visto, oltre alla spiritualità che la distingue dalle anime cosiddette inferiori, quella vegetativa e quella sensitiva, l'anima razionale ha la proprietà della sostanzialità. L'anima, come gli angeli, pur essendo semplice, spirituale e dotata di un proprio atto d'essere è distinta, come ogni realtà finita, dall'Essere sussistente: anch'essa infatti è composta di essenza e atto d'essere e quindi composta di atto e potenza. «La sostanza dell'anima non è il suo essere, ma si rapporta a esso come la potenza all'atto»[227] e «l'anima è ciò per cui il corpo umano possiede l'essere in atto e questo è proprio della forma. Perciò l'anima umana è forma del corpo»[228]. San Tommaso parla chiaramente di anima come

---

[223] Cfr. MONDIN, *"anima"*, 52.
[224] *L'anima comunica alla materia del corpo, che insieme con essa forma una sola entità, quell'essere per cui essa sussiste, in modo che l'essere del composto non è altro che l'essere dell'anima. Il che non accade nelle altre forme, che non sono sussistenti. Per questo l'anima umana rimane nel suo essere anche quando il corpo perisce; non così invece le altre forme.*
[225] MONDIN, *"anima"*, 48.
[226] RIZZELLO, *La definizione di anima,* 385.
[227] MONDIN, *"anima"*, 50.
[228] *Ibidem.*

"sostanza spirituale" in quanto oltrepassa[229] la materia corporale, potendo per sé sussistere ed operare, ma al contempo è assunta dalla materia e mette il suo essere in comune con essa diventando forma del corpo[230]. Rimane «chiaro che la difficoltà di comprendere il modo dell'unione non può intaccare l'evidenza che si può conseguire intorno al fatto dell'unione stessa»[231], anche le operazioni più squisitamente spirituali dell'anima non sono esenti da qualche legame con la materia. La sua dipendenza dal corpo non è però soggettiva ma oggettiva, l'anima richiede il corpo non come strumento ma come oggetto. La facoltà di intendere infatti non si attua mediante un organo corporeo ma ha bisogno di un oggetto corporeo, perché i cosiddetti fantasmi che sono gli oggetti dell'intelletto, non possono esistere senza il concorso iniziale degli organi corporei[232] ma una volta acquisiti nella memoria non esiste più la necessità di un'azione strumentale del corpo. Vediamo direttamente ora un passaggio della Summa a riguardo:

> «Manifestum est enim quod homo per intellectum cognoscere potest naturas omnium corporum. Quod autem potest cognoscere aliqua, oportet ut nihil eorum habeat in sua natura, quia illud quod inesset ei naturaliter impediret cognitionem aliorum; sicut videmus quod lingua infirmi quae infecta est cholerico et amaro humore, non potest percipere aliquid dulce, sed omnia videntur ei amara. Si igitur principium intellectuale haberet in se naturam alicuius corporis, non posset omnia corpora cognoscere. Omne autem corpus habet aliquam naturam determinatam. Impossibile est igitur quod principium intellectuale sit corpus. Et similiter impossibile est quod intelligat per organum corporeum, quia etiam natura determinata illius organi corporei prohiberet cognitionem omnium corporum; sicut si aliquis determinatus color sit non solum in pupilla, sed etiam in vase vitreo, liquor infusus eiusdem coloris videtur[233]» (*ST* p. I, q. 75, a. 2).

In definitiva possiamo sintetizzare la natura dell'anima secondo il pensiero di san Tommaso in questo modo: L'anima non è un corpo a sé perché è il principio primo della vita e siccome non ogni corpo è vivo, il primo principio vitale non è corpo ma l'atto di un corpo[234]. È inoltre sussistente oltre che incorporea perché può conoscere la natura di tutti i

---

[229] «Tra tutti i tipi di anima solo quella umana è separabile, perpetua e incorruttibile»: PETAGINE, *Tommaso d'Aquino e la corporeità*, 355.
[230] Argomento affrontato da san Tommaso nelle questioni disputate sulle "creature spirituali". Cfr. VACCARO, *Neurofilosofia*, 220.
[231] Cfr. *ivi*, 221.
[232] Cfr. MONDIN, *"anima"*, 49.
[233] *Infatti è noto che l'uomo con la sua intelligenza può conoscere la natura di tutti i corpi. Ora, chi ha la facoltà di conoscere delle cose non deve possederne alcuna nella sua natura: poiché quella che fosse insita in lui per natura impedirebbe la conoscenza delle altre; come vediamo che la lingua dell'infermo, quando è infettata di umore bilioso e amaro, non può percepire il dolce, ma tutto le Pare amaro. Se dunque il principio intellettivo avesse in se stesso la natura di qualche corpo, non potrebbe conoscere tutti i corpi. Ma ogni corpo possiede una natura determinata. Quindi è impossibile che il principio intellettivo sia un corpo.[...]Parimenti è impossibile che esso intenda mediante un organo corporeo, poiché anche la natura di quell'organo materiale impedirebbe la conoscenza di tutti i corpi: se infatti un determinato colore, oltre a essere nella pupilla [al momento della conoscenza], è anche nel vaso di vetro, i liquidi in questo versati appariranno [sempre] dello stesso colore.*
[234] Cfr. G. BARZAGHI, *La Somma Teologica di san Tommaso D'Aquino in compendio*, ESD, Bologna 2009, 62.

corpi, mentre un corpo ha una natura "esclusiva", e non si serve neanche di un organo corporeo per conoscere: ha quindi un'attività indipendente dal corpo e chi agisce per se stesso sussiste per se stesso[235]. L'anima comunque non è l'uomo perché il sentire è operazione dell'uomo e non della sola anima, avviene attraverso il corpo, perciò l'uomo è composto di anima e di corpo. L'anima non è al fine corruttibile perché è una forma sussistente e "desidera" naturalmente di esistere sempre, il desiderio naturale per Tommaso non può essere vano[236]; c'è comunque una sostanziale differenza anche con l'angelo perché una forma separata o sussistente fa specie a sé[237]. L'Aquinate afferma che dopo la separazione dal corpo, tutte le potenze rimangono nell'anima, ovvero l'intelletto e la volontà, perché essa è il loro esclusivo soggetto, mentre le potenze sensitive e vegetative hanno per soggetto il composto di anima e corpo[238].

3.1.2 ANTROPOLOGIA TOMISTA

Pur affermando la sostanzialità dell'anima, san Tommaso non intende certo cedere alle istanze platoniche che tendevano ad identificare l'essere dell'anima con l'essere dell'uomo. L'anima non fa specie a sé e di conseguenza non esaurisce da sola la realtà umana. «L'anima pur potendo sussistere per sé non è tale da formare una specie completa, ma entra nella specie umana come forma del corpo. Così si può dire dell'anima sia che è forma sia che è sostanza»[239] e ancora «il modello antropologico tommasiano è quello di un'anima intellettiva attuantesi secondo una certa configurazione corporea che la esprime senza esaurirla»[240]. Per san Tommaso l'uomo è l'individuo che emerge dall'unione di due sostanze incomplete, ovvero l'anima e il corpo, e l'anima è *forma corporis*[241]. Più precisamente, secondo Tommaso, l'unione non avverrebbe tra anima e corpo ma tra anima e materia prima, un unione che dà luogo al corpo, inteso come corpo umano[242].

San Tommaso si può disfare anche della teoria della molteplicità delle anime di Platone, tramite il concetto di anima come forma sostanziale del corpo che essendo razionale svolge anche il ruolo di anima sensitiva e vegetativa, corpo animato e anima razionale[243]. Quello di

[235] Cfr. BARZAGHI, *La Somma Teologica di san Tommaso D'Aquino in compendio*, 63.
[236] Cfr. *ibidem*.
[237] Cfr. *ibidem*.
[238] Cfr. *ivi*, 66.
[239] MONDIN, *"anima"*, 50.
[240] PAGANI, *Sulla attualità del concetto di anima*, 426.
[241] Cfr. VACCARO, *Neurofilosofia*, 219.
[242] Opinione difesa anche da Karl Rahner. Cfr. *ivi*, 222.
[243] Cfr. MONDIN, *"anima"*, 51.

Tommaso non è dualismo, diversi studiosi affermano infatti che proprio lui ha «infranto il dualismo greco»[244]ed è facile verificare che siamo di fronte ad un sistema antropologico contrario al rigido dualismo platonico quando lo stesso Aquinate afferma che l'anima di ogni vivente è fatta per dare vita ad una precisa identità psico-fisica:

> «Ostensum est autem quod sentire non est operatio animae tantum. Cum igitur sentire sit quaedam operatio hominis, licet non propria, manifestum est quod homo non est anima tantum, sed est aliquid compositum ex anima et corpore. Plato vero, ponens sentire esse proprium animae, ponere potuit quod homo esset anima utens corpore[245]» (*ST* p. I, q. 75, a. 4).

Nessuna anima, nemmeno quella intellettiva, è un individuo o una sostanza completa secondo la specie, ma sempre solo il principio formale di un composto ilemorfico, forma e materia[246]: «Se un corpo sta in rapporto con un'anima, ciascuna anima entra nel proprio corpo, anzi proprio l'anima si forma un corpo idoneo a sé e non ne assume uno già pronto»[247]. Riportiamo a questo proposito una citazione più ampia dell'Aquinate:

> «Videmus autem manifeste quasdam operationes, quarum potentiae animae sunt principia, non esse animae, proprie loquendo, sed coniuncti, quia non explentur nisi mediante corpore: ut est videre, audire, et huiusmodi. Unde oportet quod istae potentiae sint coniuncti sicut subiecti; animae autem sicut principii influentis, sicut forma est principium proprietatum compositi. Quaedam vero operationes exercentur ab anima sine organo corporali: ut intelligere, considerare et velle. Unde, cum hae actiones sint animae propriae, et potentiae quae sunt harum principia, non solum erunt animae ut principii, sed ut subiecti. Quia ergo, manente proprio subiecto, manere oportet et proprias passiones, et corrupto eo corrumpi; necesse est illas potentias quae in suis actionibus non utuntur organo corporali, remanere in anima separata; illas autem quae utuntur, corrumpi corpore corrupto[248]» (*ST* p. III, q. 70, a. 1).

Come è già stato detto e dimostrato, il sistema tomistico non è una copia del sistema aristotelico e neanche una semplice conversione di una filosofia classica alle esigenze della

---

[244] VACCARO, *Neurofilosofia*, 221.
[245] *È evidente che il sentire non è un'operazione dell'anima soltanto. Essendo dunque il sentire un'operazione dell'uomo, sebbene non sia la sua operazione propria e specifica, è chiaro che l'uomo non è soltanto anima, ma un insieme che risulta composto di anima e di corpo. Platone invece, poiché riteneva che il sentire fosse un'operazione della sola anima, poteva affermare che l'uomo è un'anima che si serve del corpo.*
[246] Cfr. PETAGINE, *Tommaso d'Aquino e la corporeità*, 355.
[247] Cfr. CRIVELLI, *Il primo libro del De anima*, 332.
[248] *Vediamo manifeste che alcune operazioni aventi per princìpi le potenze dell'anima non appartengono, per essere esatti, all'anima, ma al composto, poiché non vengono esercitate se non mediante il corpo: come la vista, l'udito e simili. Quindi tali potenze hanno come sede il composto, e l'anima come principio motore, essendo la forma il principio delle proprietà del composto. Altre operazioni invece, come l'intendere, il considerare e il volere, l'anima le esercita senza organi corporei. Essendo perciò queste azioni proprie dell'anima, le potenze relative si trovano in essa non solo in radice, ma anche come nella loro sede, o soggetto. E poiché rimanendo un dato soggetto rimangono necessariamente anche le sue proprietà, mentre se il soggetto si corrompe anche queste subiscono la stessa sorte, è necessario che le potenze che agiscono senza alcun organo corporeo rimangano nell'anima separata; quelle invece che agiscono servendosi di organi corporei si corrompono assieme a questi.*

fede cristiana e presenta sostanziali novità e preziosi arricchimenti[249]. L'Aquinate non è un abile *fan* dello stagirita, intento poi a colmarne le lacune, ma un attento ed ispirato autore che intuì e risolse le aporie del sistema platonico attraverso un sistema ad esso compatibile e i principali risultati si avranno proprio nell'antropologia.

Per concludere l'analisi del pensiero tommasiano sulla natura dell'anima e sull'antropologia che da essa ne risulta è interessante riferire il fatto che Tommaso aderiva pienamente alla convinzione, già sviluppata da tempo in seno alla Chiesa, che le anime fossero create immediatamente da Dio. Sant'Agostino ad esempio non vorrà prendere posizione su questo particolare e delicato tema, considerando anche che il pensiero platonico, sostrato di fondo all'ambiente ecclesiastico di tutto il primo millennio, concepiva la preesistenza delle anime[250]. Appunto perché forma del corpo, l'anima umana non può essere creata se non unita al corpo[251] e non può derivare da una sostanza corporea come neppure può derivare da una sostanza spirituale preesistente per naturale emanazione o generazione. La generazione organica è necessaria ma non sufficiente, perché dona le forme organiche inferiori ma non la forma spirituale: «La creazione dell'anima umana presuppone la generazione e si compie nel principio sensitivo generato, al quale l'azione illuminatrice del Verbo conferisce nuova perfezione, facendogli cambiare natura e creando così una sostanza spirituale [...]»[252].

Sintetizzando anche le posizioni sull'antropologia del dottore angelico possiamo affermare che l'intelletto è la forma del corpo umano e l'anima intellettiva è il principio delle attività dell'uomo come intendere, sentire, nutrirsi; tutte cose che non si realizzerebbero senza il corpo[253]. La materia del corpo riceve l'essere dall'anima intellettiva e l'essere del composto è lo stesso principio intellettivo che, anche nella condizione di separazione dal corpo, rimane sempre inclinato ad unirsi al corpo. Nell'uomo sussiste un'unica anima intellettiva che riassume in sé anche la facoltà sensitiva e vegetativa e non vi può essere infatti che una sola forma sostanziale dello stesso corpo. L'intelletto umano riceve la conoscenza attraverso i sensi e quindi occorre un corpo organico ben disposto e anche da ciò si riconosce la necessità dell'armoniosa unione tra anima e corpo.

---

[249] Cfr. MONDIN, *"anima"*, 49.

[250] Cfr. *ivi*, 50.

[251] «Attraverso la nota della spiritualità si afferma l'irriducibilità dell'anima alla dimensione corporea dell'uomo: essa non è una funzione del corpo, ma è un dato originario. In questa linea sta il senso dell'insegnamento ecclesiale della creazione immediata dell'anima da parte di Dio. Così facendo si comprende che l'anima indica la presenza nell'uomo di un fattore che, pur distinto da Dio, partecipa della sua natura spirituale. [...] Analogamente è facile comprendere che l'anima non può preesistere all'uomo: se così fosse si dovrebbe ipotizzare che Dio crea una relazione a sé senza un interlocutore, ma ciò è contraddittorio con l'idea stessa di relazione»: SCOLA, *La persona umana*, 169-70.

[252] G. MUZIO, *La creazione dell'anima umana secondo san Tommaso*, Scuola Tipografica Italo-orientale, Grottaferrata 1961, 23.

[253] Cfr. BARZAGHI, *La Somma Teologica*,63.

3.2 JOSEPH RATZINGER

Parlare del concetto di anima per Joseph Ratzinger, sia come teologo che in qualità di sommo pontefice, significa affrontare la tematica teologale della speranza escatologica e non certo rigirarsi in una mera disquisizione filosofica. Nell'enciclica *Spe Salvi*, il papa emerito parla di una speranza che ha una vera e propria "sostanza", un'*hypostasis*, e non può certo essere paragonata ad un'effimera convinzione[254]. La riflessione più approfondita del teologo Ratzinger sull'anima si trova su quella che lui stesso considera la sua opera meglio riuscita, *Escatologia*. Questo testo è di fondo un trattato ancor più ampio rispetto al nostro tema e riguarda tutta la problematica del destino eterno dell'uomo, ma è chiaro ormai che la questione dell'anima, vista nella sua sostanzialità anche nella dimensione intermedia tra morte personale e risurrezione finale, è la pietra d'inciampo e al tempo stesso chiave di lettura per ogni analisi che riguardi la natura attuale dell'uomo e la sua vita futura. L'analisi di Ratzinger comincia affondando decisamente nel dato biblico e nell'ambiente giudaico visto nel suo complesso, dando ragione del fatto che non può esservi speculazione su un tema così sacro senza una base poggiante sulla rivelazione divina, dopotutto sappiamo bene che Dio rivela l'uomo a se stesso (*GS* 22). La conclusione sarà caratterizzata da una serie di confutazioni a livello di logica filosofica e di teologia fondamentale, di posizioni teologiche moderne critiche su vari aspetti della dottrina cattolica rispetto all'anima.

3.2.1 IL MONDO BIBLICO ANTICO

Ratzinger inizia col notare che da un gran numero di testi neotestamentari si può dedurre chiaramente che in Israele la religiosità, al pari delle religioni circostanti, ha cercato e amato la possibilità di comunicare con i defunti[255]; lo deduciamo proprio perché nella sua legge lo aveva esplicitamente vietato (Cfr. *Lv* 20, 6; *Dt* 18, 9-12; *Is* 8, 19). Dall'analisi del salmo 73, come abbiamo già anticipato nel paragrafo dedicato all'analisi esegetica dei termini dell'Antico Testamento, appare evidente secondo il nostro autore una speranza in una realtà che va oltre l'immanente: «qui è sorta, semplicemente dall'intimità della comunione profondamente sentita dall'orante con Dio, la certezza: la comunione con Dio è più forte della

---

[254] Interessante vedere tutta la riflessione a riguardo, nei numeri 7-9 dell'enciclica: BENEDETTO XVI, lettera enciclica *Spe Salvi facti sumus*, 30.11.2007: LEV, Città del Vaticano 2007.
[255] Cfr. RATZINGER, *Escatologia*, 91.

distruzione del corpo. Essa è la vera realtà»[256]. In un altro libro molto significativo per la tradizione sapienziale giudaica, il libro di Daniele, si trova uno dei passaggi più importanti per comprendere la fiducia del popolo israelitico nella vita oltre la morte e ancor di più nel concetto di risurrezione della carne: «molti di quelli che dormono nella polvere della terra si risveglieranno: gli uni alla vita eterna e gli altri alla vergogna e per l'infamia eterna» (*Dn* 12, 2). Sarebbe questa la formulazione più esplicita della fede nella resurrezione che possiamo trovare nell'Antico Testamento[257]. Un altro passaggio scritturistico che rimanda alla speranza nella vita oltre la morte è quello della descrizione del martirio dei fedeli alla legge mosaica durante le persecuzioni ellenistiche, nel secondo libro dei Maccabei, dove si arriva alle estreme conseguenze di ciò che è espresso nel salmo 73: si capisce che la fede nella comunione con Dio supera l'importanza della vita biologica, è evidente che non ci troviamo di fronte ad un'ideale ma ad una solida verità[258]. Una considerazione su questo passaggio apre una finestra sulla condizione esistenziale e sostanziale della nostra speranza cristiana mostrando che «quanto è essenziale si trova più nel profondo: nell'esperienza che la comunione con Dio significa vita oltre la morte»[259]. Nel mondo giudaico e nella tradizione infratestamentaria, che va al di là del dato strettamente scritturistico, troviamo il caso del famoso libro etiope di Enoch, risalente al 150 a.C., dove viene riportata un'immagine dello *sheol,* con una netta separazione tra giusti e peccatori in attesa della fine dei tempi, e il libro di Esdra dove troviamo come unica sostanziale differenza il fatto che i peccatori già vivono una pena di tipo "infernale"[260]. Nel giudaismo rabbinico abbiamo inoltre la suddivisione del luogo del soggiorno delle anime dopo la morte in *Eden*, il paradiso terrestre, e *Geenna*, il luogo della dannazione[261]. Dall'analisi che abbiamo sul concetto degli Esseni, una ristretta cerchia di rappresentanti della spiritualità tardo-giudaica, riguardo l'anima immortale, redatta dallo storico ebreo Flavio Giuseppe, capiamo che le concezioni elleniche e giudaiche erano ben compenetrate e non si può troppo facilmente schematizzare l'analisi dei concetti antropologici ed escatologici in concetti prettamente greci o prettamente ebraici. Sarebbe perciò un errore storico ridurre il monismo antropologico ad un patrimonio unicamente ebraico in contrapposizione ad un dualismo che sia esclusivamente greco[262]; la convinzione dell'unità profonda dell'uomo e della sopravvivenza alla morte corporale di ciò che è propriamente umano era un patrimonio ben radicato, per quanto non perfettamente sistematizzato, di

[256] RATZINGER, *Escatologia*, 96.
[257] Cfr. *ivi*, 97.
[258] Cfr. *ivi*, 98.
[259] *Ivi*, 99.
[260] Cfr. *ivi*, 126.
[261] Cfr. *ivi*, 127.
[262] Cfr. *ivi*, 128.

entrambe le culture ed è possibile isolare tracce di pensiero monista nella filosofia greca così come tracce di schemi dualistici nella Bibbia e nella letteratura giudaica[263].

3.2.2 IL NUOVO TESTAMENTO

Nel passaggio dall'antica alla nuova Alleanza verifichiamo che il Nuovo Testamento si mantiene univocamente fedele all'orientamento di fondo di quello antico[264], tanto che il cristianesimo spinge nella direzione esattamente opposta rispetto alla tendenza delle filosofie coeve, siano esse quelle dell'area mediterranea greco-romana o quelle già diffuse nel continente asiatico e ancora presenti nel nostro tempo: drammatizza la sete del vivere e la trasforma in sete di Dio, vedendo in essa la pienezza della salvezza[265]. Nel nuovo Testamento abbiamo il concetto di Paradiso (*Lc* 23, 43), del seno di Abramo (*Lc* 16, 19-29) e dell'attesa delle anime sotto il trono di Dio (*Ap* 6, 9)[266]. Abbiamo visto che la dottrina della risurrezione dei morti nell'ebraismo intratestamentario era stata riconosciuta solo parzialmente[267]mentre divenne il credo fondamentale dei cristiani in base al fatto della risurrezione di Gesù, sperimentata e tramandata dai testimoni oculari. Il Risorto diviene il canone del canone scritturistico, il criterio di interpretazione dell'intera tradizione del messaggio di salvezza[268]. La disputa di Gesù con i sadducei riguardante la risurrezione dei morti, con l'evidenziazione della autorivelazione del Dio dei vivi e non dei morti, «Io sono il Dio di Abramo, il Dio di Isacco e di Giacobbe» (*Mc* 12, 18-27)[269] e il brano del povero Lazzaro (cfr. *Lc* 16, 19-29), danno una «chiara testimonianza che la giovane cristianità ha condiviso la concezione sull'aldilà del giudaismo contemporaneo»[270]. Visto che la convinzione cristiana della risurrezione dei morti si fonda essenzialmente sulla fede nel fatto storico della vittoria sulla morte da parte del Redentore, non si dovrebbe trascurare che il messaggio della risurrezione al terzo giorno evidenzia chiaramente una "distanza" tra la morte e la risurrezione stessa. Soprattutto è innegabile che da nessuna parte nell'annunzio cristiano la sorte di coloro che muoiono prima della *parousia* risulta equiparata all'evento del tutto particolare della risurrezione di Gesù[271]. Con la fede nel Risorto lo stato intermedio e la risurrezione sono ora

---

[263] Cfr. RATZINGER, *Escatologia*, 111.
[264] Cfr. *ivi*, 99.
[265] Cfr. *ivi*, 100.
[266] Cfr. *ivi*, 127.
[267] Cfr. *ivi*, 118.
[268] Cfr. *ibidem*.
[269] Cfr. *ivi*, 119.
[270] *Ivi*, 129.
[271] Cfr. *ivi*, 117.

collegati con maggior coerenza di quanto potessero esserlo prima, pur rimanendo distinti[272]. Anche nei passaggi della letteratura paolina, la risurrezione e lo stato intermedio non si escludono a vicenda, e sono collegati come già nel giudaismo[273] e «non subentra il dualismo greco al monismo ebraico ma il retaggio giudaico viene cristianizzato con la massima naturalezza»[274]. Possiamo affermare con il nostro autore che con grande omogeneità il Nuovo Testamento mette in evidenza che l'interpretazione specificamente cristiana dello stato intermedio è la possibile comunione col Cristo subito dopo la morte [275]; anzi riportando direttamente un passaggio dell'analisi del nostro autore:

> «È altrettanto sicuro che la Bibbia non conosce l'idea di una risurrezione nella morte, anzi la respinge espressamente (cfr. *2Tim* 2, 18). Essa conosce piuttosto l'essere presso il Signore tra la morte e la risurrezione (cfr. *Fil* 1, 23)»[276].

3.2.3 La riflessione cristiana

"I morti in Cristo vivono", questa è la certezza fondamentale per il popolo cristiano sin dall'inizio della predicazione apostolica[277]; nel corso dei secoli sarebbe maturata la necessità di dare una base antropologica alla certezza dell'esistenza col Cristo che perdura oltre la morte e nell'attesa della definitiva resurrezione della carne[278]. Papa Benedetto XVI, parlando della Chiesa antica, ha tenuto a precisare che:

> «per la Chiesa antica è significativo che non esisteva alcuna affermazione dottrinale circa l'immortalità dell'anima. Non se ne era sentita la necessità, poiché, da un lato dalla radice giudaica della fede cristiana era stata tramandata la certezza che i defunti non sprofondano nel nulla, ma che attendono nell'*ade* la resurrezione in un modo conforme alla propria condotta di vita»[279].

Per secoli quindi non si sentirà la necessità di sistematizzare una consapevolezza ben radicata nella Chiesa e, come sappiamo in base all'esperienza della storia ecclesiale, la formulazione in pronunciamenti dottrinali dogmatici avviene sovente solo in seguito a dispute che mettono in discussione un determinato aspetto del patrimonio di fede. Anche il nostro autore pone l'accento su alcuni fondamentali pronunciamenti magisteriali che fungono da

---

272 Cfr. Ratzinger, *Escatologia*, 134.
273 Cfr. *ivi*, 131.
274 *Ivi*, 134.
275 Cfr. *ivi*, 130.
276 *Ibidem*.
277 Cfr. *ivi*, 136.
278 Cfr. *ivi*, 151.
279 *Ivi*, 137.

pietre miliari per il dibattito sull'anima e sull'escatologia. Con la bolla dogmatica *Benedictus Deus* s'inizia un nuovo stadio[280] dello sviluppo dottrinale della Chiesa proprio in seguito al famoso dibattito suscitato dalle omelie del papa Giovanni XXII, sulle anime che attendono "sotto l'altare" la fine dei tempi per congiungersi finalmente al Cristo[281]. Le anime, verrà proclamato definitivamente nella bolla dal nuovo papa appena succeduto al precedente, «anche prima del ricongiungimento con il loro corpo e prima del giudizio universale [...] sono e saranno in cielo» in modo che «essi vedono l'essenza divina in visione diretta e anche faccia a faccia senza la mediazione di una creatura»[282].

Nel secondo testo dottrinale fondamentale per la riflessione sulla questione dell'anima, la bolla *Apostolici Regiminis,* già citata, si conferma che non si può parlare di mortalità dell'anima spirituale o di opinare che essa non sia un'entità individuale e personale. Il rinascimento, in particolare l'umanesimo rinascimentale, rifiuta infatti la sintesi patristico-medievale del pensiero greco e di quello cristiano e vuole recuperare una purezza originaria del pensiero greco precristiano. È particolarmente istruttivo, osserva il nostro autore, che dalla ricostruzione del pensiero greco originale consegue non un rafforzamento del concetto dell'immortalità dell'anima rispetto alla risurrezione del corpo ma la negazione della dottrina cristiana sull'anima e la sua speranza, segno evidente che quindi la dottrina sulla sostanzialità dell'anima non può essere definita come un retaggio della cultura greca[283]. Si ha un'ulteriore conferma che «le concezioni sviluppate nella Chiesa antica sulla sopravvivenza dell'uomo tra la morte e la resurrezione si fondano sulle tradizioni giudaiche circa l'esistenza dell'uomo nello *sheol,* tradizioni che il Nuovo Testamento ha trasmesso e incentrato sulla cristologia»[284]. La speculazione scolastica, che rappresenta la maturità del pensiero cristiano medievale, giunge a conclusioni sia concilianti che assolutamente originali: san Tommaso d'Aquino infatti, con la formula *anima forma corporis,* trasforma radicalmente l'aristotelismo. La dottrina tomista di una sostanza intellettuale quale forma sostanziale della materia è per il nostro autore un «momento storico in cui ci si valse consapevolmente di una formula aristotelica per esprimere in termini filosofici una visione dell'uomo che la tradizione aristotelica e il suo mondo avevano considerato un'impossibilità metafisica»[285]. Per Aristotele sarebbe stato inconcepibile collegare il fatto che lo spirito è sia la forma della materia, perché dovrebbe far parte del mondo materiale e ne dovrebbe condividere la caducità, sia ciò che determina una personalità, perché lo spirito non facente parte di questo mondo materiale non

[280] Già nel 1241 l'Università di Parigi aveva emesso una simile delibera. Cfr. RATZINGER, *Escatologia,* 141.
[281] Cfr. *ibidem.*
[282] *Ivi,* 140.
[283] Cfr. *ivi,* 144.
[284] *Ivi,* 150.
[285] *Ivi,*152.

potrebbe essere qualcosa di individuale[286]. «L'anima fa parte del corpo quale forma, ma ciò che è forma del corpo è insieme spirito, fa dell'uomo una persona e gli schiude l'immortalità. Essa è un prodotto della fede cristiana e della sua riflessione»[287].

3.2.4 LA PROBLEMATICA POST-LUTERANA

Lo stadio intermedio tra la morte e la risurrezione riceve una risposta, formulata sistematicamente sin dall'alto medioevo, dall'immortalità dell'anima. Martin Lutero si oppose strenuamente a questa dottrina, soprattutto per quel che riguardava la distinzione tra un corpo e un'anima, concetto quest'ultimo che però non sostituirà mai con una nuova concezione[288]: «La spiegazione di Lutero sul sonno dell'anima non è certo una risposta che possa convincere»[289] perché l'immagine del sonno di morte è un «arcaismo improprio senza avallo in nessun testo neotestamentario»[290] e «se non esiste un'anima, se di conseguenza non vi può essere un sonno, sorge il problema: chi allora potrebbe essere risvegliato? Come si forma l'identità tra l'uomo precedente e l'uomo che, a quanto pare, dovrà essere ricreato dal niente?»[291].

Abbiamo già accennato all'opera moderna di autori protestanti su questo tema, in particolare Ratzinger nel suo lavoro fa riferimento all'opinione di Oscar Cullmann e Paul Althaus riguardo al fatto che la dottrina dell'immortalità in sé sarebbe stata sconosciuta al testo biblico e che sarebbe stata un'invenzione ellenistica emersa durante il II secolo. La teoria della nefasta influenza ellenistica per la fede cristiana è stata sin dagli inizi un punto fermo nella polemica protestante, come abbiamo già visto, ma è con teologi del calibro di Adolph Von Harnack (†1930) che si arriva a sistematizzare questa sorta di pregiudizio. Von Harnack infatti, come colto studioso della storia cristiana, comincia a fornire dati a quell'idea strisciante che vedeva nel dogma in sé «un frutto dello spirito greco sul terreno del vangelo»[292]; la sua polemica, che sarà di tutta la teologia liberale protestante, non sarà più semplicemente volta contro la teologia scolastica ma contro la stessa Chiesa primitiva, redazione dei vangeli compresa[293], la quale avrebbe a suo avviso subito deviato da quella che

[286] RATZINGER, *Escatologia,* 152.
[287] *Ivi*, 153.
[288] Cfr., 125.
[289] *Ivi*, 112
[290] *Ivi*, 135-6.
[291] *Ivi*, 112.
[292] Cfr. LACOSTE J., *Storia della teologia*, Queriniana, Brescia 2011, 346.
[293] Cfr. *ibidem*.

sarebbe stata l'essenza del cristianesimo[294]. Il problema riguardo al fatto che non poteva quindi esserci continuità tra il Cristo e la Chiesa lo portò ad affermare, in una famosa monografia su Marcione, che il cristiano aveva ormai gli strumenti sufficienti per rifiutare anche lo stesso Antico Testamento[295]. Per Harnack la comunità cristiana doveva arrendersi al fatto di diventare «una società borghese ideale, provvista di una morale imprecisa dell'amore»[296]. Vale la pena presentare a tal proposito cosa disse Joseph Ratzinger in qualità di pontefice nel famoso discorso di Ratisbona del 2006:

> «La teologia liberale del XIX e del XX secolo apportò una seconda onda nel programma della deellenizzazione: di essa rappresentante eminente è Adolf von Harnack. Durante il tempo dei miei studi, come nei primi anni della mia attività accademica, questo programma era fortemente operante anche nella teologia cattolica. Come punto di partenza era utilizzata la distinzione di Pascal tra il Dio dei filosofi ed il Dio di Abramo, Isacco e Giacobbe. Nella mia prolusione a Bonn, nel 1959, ho cercato di affrontare questo argomento e non intendo riprendere qui tutto il discorso. Vorrei però tentare di mettere in luce almeno brevemente la novità che caratterizzava questa seconda onda di deellenizzazione rispetto alla prima. Come pensiero centrale appare, in Harnack, il ritorno al semplice uomo Gesù e al suo messaggio semplice, che verrebbe prima di tutte le teologizzazioni e, appunto, anche prima delle ellenizzazioni: sarebbe questo messaggio semplice che costituirebbe il vero culmine dello sviluppo religioso dell'umanità. Gesù avrebbe dato un addio al culto in favore della morale. In definitiva, Egli viene rappresentato come padre di un messaggio morale umanitario. Lo scopo di Harnack è in fondo di riportare il cristianesimo in armonia con la ragione moderna, liberandolo, appunto, da elementi apparentemente filosofici e teologici, come per esempio la fede nella divinità di Cristo e nella trinità di Dio. In questo senso, l'esegesi storico-critica del Nuovo Testamento, nella sua visione, sistema nuovamente la teologia nel cosmo dell'università: teologia, per Harnack, è qualcosa di essenzialmente storico e quindi di strettamente scientifico»[297].

Il pregiudizio negativo sulla metafisica si è poi diffuso con sorprendente rapidità in tutti gli ambienti teologici, senza che si sia potuto giustificarlo o consolidarlo con una convincente alternativa[298]. In particolare Althaus[299], rifacendosi ad una personale lettura biblica e alle posizioni di Lutero, rifiutava come un dualismo platonico il concetto di una separazione tra il corpo e l'anima al momento della morte: per questo teologo luterano l'uomo intero perirebbe con corpo e anima[300]. Particolarmente significative furono le sue successive ritrattazioni

---

[294] *L'essenza del cristianesimo*, titolo di uno dei libri più significativi di Von Harnack in cui si espongono le istanze della teologia liberale protestante.

[295] La teologia classica si nutriva del semplice confronto fra il *Vetus Israel* e il *Novus Israel*, la Chiesa. Cfr. LACOSTE, *Storia della teologia*, 405.

[296] *Ivi*, 359.

[297] BENEDETTO XVI, *Discorso del Santo Padre nell'aula magna dell'Università di Ratisbona,* Acta Apostolicae Sedis 98 (2006), 728-739.

[298] Cfr. RATZINGER, *Escatologia,* 110.

[299] La conclusione di Althaus è semplicemente che la risurrezione, essendo il pensiero centrale della Rivelazione, mette in secondo piano i testi che parlano dell'immortalità dell'anima. La risurrezione non può riguardare il solo corpo ma dev'essere di tutto l'uomo; l'anima apparterrebbe alla corporeità del mondo che passa e partecipa alle fasi della vita corporea compresa la morte. Althaus non può escludere l'esistenza di un elemento chiamato anima nella struttura dell'uomo ma non ne garantirebbe l'immortalità ed esclude anche la teoria luterana dello stato di sonno dell'anima. In conclusione per le prime opere di Althaus, l'immortalità dell'anima è estranea alla fede cristiana. Cfr. A. DANCZAK, *La questione dello stato intermedio nella teologia cattolica negli anni 1962-1999*, Bernardinum, Pelplin 2008.

[300] Cfr. RATZINGER, *Escatologia*, 111.

riguardo queste sue iniziali posizioni contrarie all'immortalità dell'anima; egli infatti affermò sorprendentemente che in realtà anche la Bibbia conosce lo schema dualistico e che il testo sacro non parla soltanto dell'attesa dell'ultimo giorno. Sarà altrettanto sorprendente per Ratzinger, che queste stesse ritrattazioni non ebbero un'eco adeguata negli ambienti teologici[301]. La dottrina dell'immortalità è infatti profondamente radicata e centrale per la Chiesa antica paleocristiana[302]e definire come biblica la posizione ideologica dell'assoluta indivisibilità dell'uomo collima con la moderna antropologia naturalistica che vede l'uomo unicamente come corpo e che non vuole saperne di un'anima che potrebbe esserne separata[303]. Cercare di assecondare la sensibilità moderna rinunciando all'immortalità dell'anima non risolve comunque la difficoltà a credere alla risurrezione della carne[304]; anzi filosoficamente l'immortalità dell'anima è più ragionevolmente esprimibile rispetto alla risurrezione, come si afferma in questo passaggio:

> «L'ipotesi di questo meraviglioso evento [la risurrezione], in sede filosofica, risulta meno convincente di quella dell'immortalità dell'anima, perché questa si fonda direttamente sulla sua proprietà di essere una realtà essenzialmente spirituale, mentre la risurrezione non si fonda direttamente sulla natura del corpo, che di per sé non può sfuggire alla corruzione, ma alla sua appartenenza a una natura spirituale a un valore assoluto, l'anima, che è per l'appunto incorruttibile. Questo fatto è tale da esigere una trasvalorizzazione e una trasformazione del corpo stesso che lo rendano capace di condividere il destino immortale dell'anima: è quanto opera il prodigioso evento della risurrezione»[305].

Senza considerare le interpretazioni moderne più radicali che si oppongono a tutte le affermazioni oggettivanti e che ammettono solo interpretazioni esistenziali, Ratzinger individua due vie intraprese dalla teologia contemporanea: la proposta di un nuovo concetto di tempo e l'interpretazione in un modo nuovo della corporeità[306] Per il teologo cattolico Greshake, e come recepisce anche il Catechismo Olandese, «chi muore entra nel presente dell'ultimo giorno, del giudizio, della risurrezione e della *parousia* del Signore. Di conseguenza si può affermare che la risurrezione avviene nel momento stesso della morte e non soltanto nell'ultimo giorno»[307]. Il futuro papa tedesco mette in luce le contraddizioni nel Catechismo Olandese e di Greshake sul fatto che, affermando la sopravvivenza dell'uomo nonostante la morte del corpo materiale e nel parlare di corporeità negando esplicitamente

[301] Cfr. RATZINGER, *Escatologia,* 111.
[302] Cfr. *ivi*, 112.
[303] Cfr. *ibidem.*
[304] Cfr. *ibidem.*
[305] MONDIN, *Antropologia filosofica*, 308.
[306] Cfr. RATZINGER, *Escatologia,* 113.
[307] Ratzinger fa notare che a questo modo anche il dogma dell'assunzione della Vergine Maria varrebbe per ogni uomo a motivo dell'atemporalità che regna al di là della morte. Cfr. *ivi*, 114.

ogni rapporto con la materia, la confutazione dell'anima perde ogni credibilità perché nel negarla si afferma lo stesso concetto di realtà personale separata dal corpo![308] Ratzinger inoltre aggiunge che bisogna denunciare un nuovo platonismo accentuato sotto un duplice aspetto: in simili modelli il corpo viene privato definitivamente della speranza della salvezza e in secondo luogo manca della stessa logica della dottrina di Platone. Di fondo si sta parlando di teologie rette da un consenso che si fonda su basi estremamente fragili e contraddittorie[309]. «La fede nell'immortalità e nella risurrezione si identifica in ultima analisi con la fede in Dio, fondabile soltanto da Lui, logicamente compibile da Lui»[310] ma va da sé che «senza ermeneutica, cioè senza accompagnare il dato biblico con la ragione, che, collegando sistematicamente i pensieri, può portare anche sotto l'aspetto linguistico ben oltre il dato biblico come tale, non si ottiene nulla»[311].

3.2.5 Il Purgatorio e la sua funzione catalica

La dottrina del Purgatorio è stata sistematizza per la Chiesa già prima del Concilio di Trento, nei cui documenti sarebbe stata riportata in sintesi[312]. Sia in quest'ultima occasione, durante le dispute con i teologi protestanti, sia nei due concili medievali precedenti, durante il tentativo di riconciliazione tra cattolici e ortodossi, la questione dello stato intermedio per l'anima è stato un motivo di dibattito ecumenico: con gli ortodossi un motivo di unione, per quanto controverso, con i protestanti un motivo di separazione[313]. I problemi legati al rifiuto dei protestanti della dottrina sul purgatorio sono riconducibili primariamente all'idea luterana di giustificazione e secondariamente al pregiudizio metafisico che riguarda l'entità dell'anima stessa; gli ortodossi invece, avendo in comune con i cattolici una fede radicata nella necessità ed efficacia dell'intercessione per i defunti, tramite soprattutto il sacrificio della Messa, mantennero una distanza solo sull'idea di una possibile pena purgante nell'aldilà[314].

Una prima possibile radice all'idea di uno stato intermedio, il nostro autore la trova nel testo biblico, nell'episodio dell'intercessione per i caduti ebraici durante le guerre maccabaiche (cfr. *2Mac* 12, 32- 46). Siamo in pieno ambito giudeo arcaico e il fatto che i compagni di battaglia abbiano rinvenuto negli abiti dei caduti alcuni amuleti pagani offre il

[308] Cfr. RATZINGER, *Escatologia*, 115.
[309] Cfr. *ivi*, 117-8.
[310] *Ivi*, 279.
[311] *Ivi*, 112-3.
[312] Cfr. *ivi*, 218.
[313] Cfr. *ibidem*.
[314] Cfr. *ivi*, 219.

chiaro motivo della loro morte in battaglia, siamo in un contesto di apostasia della Legge[315]. L'operato dei giudei sopravvissuti è piuttosto indicativo: si ricorre alla preghiera e viene raccolta un'offerta per far offrire un sacrificio espiatorio a Gerusalemme. Addirittura viene riportata la lode dell'autore biblico ad una tale azione collettiva, facendo chiaramente riferimento alla fede nella risurrezione dei morti[316]. Ratzinger riferisce di alcuni testi apocrifi, come la *Vita di Adamo e Eva* del I secolo d.C., in cui si fa esplicito riferimento ad una misericordia divina che non esclude una sorta di punizione[317]. In altri testi del II secolo troviamo ancora il riferimento ad una Geenna intermedia, intesa come *purgatorium*, nella quale la sofferenza delle anime è preparazione e preludio alla salvezza definitiva[318].

Gli autori cristiani che hanno maggiormente contribuito alla formazione della dottrina sul purgatorio, comune per molti secoli alla cristianità occidentale e orientale, sono Tertulliano, san Clemente alessandrino e san Cipriano nel III secolo[319], san Giovanni Crisostomo nel IV[320]. Appoggiandosi in special modo all'invito evangelico di conciliarsi con il proprio avversario (cfr. *Mt* 5, 21-37) perché altrimenti si sarebbe rimasti nel carcere[321] fino al pagamento dell'ultimo spicciolo, i padri interpretarono la possibilità che la penitenza ecclesiale, quale via di purificazione, potesse continuare anche nell'aldilà[322]. In questo senso la dottrina sul purgatorio, per quanto non ancora ben sistematizzata è chiaramente già formulata[323]. Il concetto di fondo che permette di giustificare teologicamente l'esistenza di una continuazione oltre la morte di una realtà cosciente è quello del fatto che «la vera distinzione non si colloca tra la vita terrena e la non-vita, bensì tra l'essere con Cristo e l'essere senza di Lui o contro di Lui»[324].

---

315 Cfr. RATZINGER, *Escatologia,* 220.
316 Cfr. *ibidem.*
317 Cfr. *ibidem.*
318 *Ivi,* 221.
319 *Ivi,* 223
320 Cfr. *ivi,* 227.
321 Il termine greco per Carcere, Φυλαχή, indicava anche l'Ade. Cfr. *ivi,* 222.
322 Era sicuramente decisiva l'esperienza di questi padri del II e III secolo durante gli anni delle persecuzioni, in cui vennero messi di fronte ai casi di cristiani convinti e sinceri ma incapaci di affrontare la terribile prova del martirio. Si rendeva necessaria una riflessione più profonda nei confronti del giudizio finale per costoro. Cfr. *ivi,* 223.
323 Cfr. *ivi,* 224.
324 *Ivi,* 226.

CONCLUSIONI

San Tommaso riferisce che Aristotele, nel suo *De animalibus,* afferma che sia meglio conoscere poco nelle cose più degne di onore e più elevate piuttosto che conoscere con certezza cose meno nobili[325]. Da ciò possiamo trovare una consolazione nel contemplare la grandezza di un argomento che supera la nostra capacità di analisi e la limitatezza degli strumenti a nostra disposizione, che siano filosofici o scientifici.

La scienza moderna ha rivolto la sua attenzione alla questione dell'anima umana lungo due direzioni principali: l'evoluzione della specie con il problema dell'ominizzazione ed il problema mente-corpo[326]. Secondo l'autore del libro *Noi non siamo il nostro cervello*[327], il lavoro dello scienziato somiglia molto di più all'*identikit* di un ricercato che un poliziotto traccia ricorrendo all'aiuto di diversi testimoni e le tecniche rappresentano una congettura o un'ipotesi riguardo a ciò che si pensa stia accadendo nel cervello di un soggetto[328]. Spesso lo scopo sembra essere quello di voler relegare l'uomo nell'orizzonte del materialismo[329] tanto che, tra le posizioni più estreme[330], si sostiene chiaramente che ormai non ci sia più bisogno di rifarsi all'anima oppure si tende ad oscurarne il termine per sostituirlo semplicemente con quello di mente[331]. In realtà non sembra così facilmente raggiungibile tale obiettivo e, come abbiamo accennato nei capitoli precedenti, proprio a partire da quelli che sono gli sviluppi e gli esiti delle neuroscienze[332]. Abbiamo visto inoltre che esiste una individualità e una variabilità che si manifesta ai diversi livelli di organizzazione del cervello che non può essere ignorata nella ricerca di una teoria sulla coscienza[333]e anche per comprendere meglio i suoi

---

325 Cfr. CRIVELLI, *Il primo libro del De anima,* 326.
326 Cfr. O'CALLAGHAN, *"anima",* 95.
327 Vedi nota 55.
328 Cfr. D'ONGHIA, *L'anima è il nostro cervello?,* 152.
329 «per il materialismo l'unica realtà che veramente esiste è la materia e tutto deriva dalla sua continua trasformazione»: A. RAVANELLO, *Teologia e neuroscienze: dialogo possibile? L'anima anima il confronto*, in *Studia Patavina* 63 (2016), 421.
330 L'approccio funzionalista della teoria computazionale della mente dice che pensare è calcolare. Secondo il cognitivismo la cognizione può procedere senza la coscienza, in quanto non esisterebbe una connessione essenziale fra di esse. Cfr. D'ONGHIA, *L'anima è il nostro cervello?*154-5.
331 Cfr. RAVANELLO, *Teologia e neuroscienze,* 423.
332 Cfr. D'ONGHIA, *L'anima è il nostro cervello?*152.
333 Cfr. *ivi*, 157.

meccanismi neurali è utile agli stessi scienziati tener presente la distinzione tra coscienza primaria e coscienza di ordine superiore, associata ad un senso di sé e alla capacità, ad esempio, di costruire scene passate e future[334].

> «Il tentativo di semplificare la comprensione dell'uomo, con la riduzione alla vita del cervello, non solo sembra impraticabile a partire dalle stesse conoscenze scientifiche acquisite, ma si rivela inquietante perché confina l'uomo a semplice "prestazione biologica" e quindi manipolabile ed eliminabile a proprio piacimento»[335].

La figura dell'anima quindi sfugge al dilemma-dialettica tra biologismo e mentalismo[336]e la non-fisicità dell'apertura trascendentale dell'uomo è ulteriormente attestata dall'autocoscienza, una sorta di auto-presenza priva di schemi apparenti: «Nessuna realtà fisica potrebbe essere presente a se stessa realizzando in sé quella totale decompressione d'essere che è l'autocoscienza»[337].

Nel caso in cui si tentasse di voler ridurre la mente umana ad una specie di calcolatore biologico e quindi di poter riprodurre tecnologicamente le operazioni dell'intelletto, che sono basate anche su logiche intenzionali, è necessario ricordare che il computare è operare secondo una sintassi che non implica necessariamente una semantica e il solo computare non è sufficiente per produrne una[338]. Il filosofo e matematico John Searle parla della mancanza strutturale di una semantica per una macchina[339]e l'ex ragazzo-prodigio della logica e della filosofia Saul Kripke, con seri argomenti logico-semantici, adduce che Dio, dopo aver creato la materia, aveva da "fare qualcosa in più" per dar luogo al mondo umano delle sensazioni e delle esperienze interiori[340]. Il famoso neurofisiologo John Eccles è costretto ad attribuire l'unicità dell'io o anima a una creazione spirituale soprannaturale![341] La stessa materia è nebulosa e transitoria, osserva Roger Penrose, matematico fisico e cosmologo, e la persistenza dell'io non può certo essere fornita dalla materia dei nostri corpi[342], visto che è continuamente rimpiazzata, conservandosi, nel caso, solo l'organizzazione o la struttura. La materia da auspicata soluzione del problema mente-corpo è divenuta un'incognita in più dell'equazione[343]. Non mancano autori che, non volendo rinunciare alla fede nelle totipollenti potenzialità delle scienze, cercano la via del cocktail scientifico, ovvero il ricorso alla fusione

---

[334] Cfr. D'ONGHIA, *L'anima è il nostro cervello?,*159.
[335] *Ivi,* 171.
[336] Cfr. PAGANI, *Sulla attualità del concetto di anima*, 426.
[337] *Ivi*, 432.
[338] Cfr. *ivi*, 427.
[339] Citato nell'articolo: Cfr. PAGANI, *Sulla attualità del concetto di anima*, 426.
[340] Citato nell'articolo: Cfr. VACCARO, *Neurofilosofia,* 215.
[341] Citato nell'articolo: Cfr. RAVANELLO, *Teologia e neuroscienze,* 425.
[342] «L'uomo non è solo un sacco di molecole». Citato nell'articolo: Cfr. VACCARO, *Neurofilosofia,* 213.
[343] Cfr. *ivi*, 216.

di più branche delle scienze naturali, per spiegare ciò che sfugge alla ricerca sperimentale, ma ai più questa appare «un'ostinazione da veteroriduzionismo anacronistico»[344] e per il filosofo Thomas Nagel tale impostazione viene giudicata addirittura come «intellettualmente errata e scientificamente suicida»[345]. Un autore infine, esperto nel campo medico, parla del fatto che ricondurre l'enorme molteplicità delle nostre sensazioni e dei nostri pensieri ai circa 340 grammi di sostanza organica di cui è composto mediamente il cervello umano, sarebbe un vero e proprio miracolo![346]Un segno delle contraddizioni dell'approccio scientista è il fatto che più avanzano le accurate ricerche della tecnologia umana, che dovrebbero dar ulteriore prova della speciale unicità dell'uomo, maggiormente si accumulano gli sforzi per degradarlo a semplice animale[347]. Dal punto di vista morale ed esistenziale se davvero ogni azione e iniziativa dell'uomo fosse frutto esclusivo di processi fisico-chimici, allora di nulla egli sarebbe più responsabile: tutto sarebbe determinato semplicemente da forze che l'individuo stesso non potrebbe in alcun modo indirizzare e di cui sarebbe semplicemente in balìa[348]. Di fondo possiamo affermare con sicurezza che è proprio la visione "unitotale" dell'uomo, dalla struttura metafisica al principio escatologico, che permette di evitare i riduzionismi di qualsiasi tipo. L'identità più vera l'uomo la trova nel relazionarsi con Dio[349] e non solo nel mondo e con gli altri:

> «L'uomo, in altri termini, trova in Cristo e nell'adesione a Lui il fondamento e il modello di quella relazionalità che non lo guida soltanto nel rapporto con gli altri uomini, ma gli consente anche di vivere come persona unificata nella duplice dimensione spirituale e corporea che lo contraddistingue»[350].

Non dobbiamo dimenticare che dal concetto di anima inoltre sarebbe scaturito il fondamentale concetto dell'io che rende possibile uno dei traguardi più universalmente riconosciuti alla cultura cristiana che è la categoria di soggetto personale: non c'è l'io senza anima così come non c'è sviluppo del soggetto senza l'io[351]. Possiamo esprimere l'armonia tra le esigenze della fede nella Rivelazione di Dio e la consapevolezza della straordinarietà dell'uomo con le parole del Catechismo della Chiesa cattolica, che a loro volta riprendono un prezioso passaggio del documento conciliare *Gaudium et Spes*:

---

[344] VACCARO, *Neurofilosofia*, 211.
[345] Citato nell'articolo: Cfr. *ivi*, 212.
[346] F. LAUBENTHAL, *Cervello e anima. Considerazioni di un medico sul problema dei rapporti tra anima e corpo*, Paoline, Roma 1960, 18.
[347] Cfr. RAVANELLO, *Teologia e neuroscienze*, 423.
[348] Cfr. *ivi*, 431.
[349] Cfr. D'ONGHIA, *L'anima è il nostro cervello?* 170.
[350] SGUAZZARDO, *Incarnazione*, 149.
[351] Cfr. GIANNETTI, *L'anima*, 428.

«L' uomo: con la sua apertura alla verità e alla bellezza, con il suo senso del bene morale, con la sua libertà e la voce della coscienza, con la sua aspirazione all'infinito e alla felicità, l'uomo si interroga sull'esistenza di Dio. In queste aperture egli percepisce segni della propria anima spirituale. "Germe dell'eternità che porta in sé, irriducibile alla sola materia", [*GS* 18] la sua anima non può avere la propria origine che in Dio solo» (*CCC* 33)

Una descrizione esteriore più che una vera definizione può essere quella che vede l'anima come atto, o più propriamente atto primo, di un corpo che ha la vita in potenza e inoltre che non è separata dal corpo vivo di cui è atto[352]: quindi «atto primo di un corpo fisico organico»[353]. La descrizione si completa mostrando l'anima anche come la forma in cui l'io sussiste tra la morte e la risurrezione, per mantenere un'originalità cristiana non dualistica anche in ambito escatologico[354]. La realtà umana non è né una materia sublimata e neppure uno spirito decaduto perché la realtà umana è essenzialmente composita, formata da un elemento materiale e un elemento spirituale. Se l'uomo è una sostanza, il corpo dev'essere un costitutivo essenziale di tale sostanza ma abbiamo visto che la situazione ontologica dell'anima non è identica a quella del corpo[355]; l'atto d'essere infatti è uno solo ed è quello dell'anima, la quale dal primo istante del suo esistere ne fa partecipe anche il corpo[356]. Il pericolo del dualismo è evitato anche grazie all'asimmetricità tra corpo e anima così come è espressa nella priorità riservata all'anima rispetto al corpo, sulla stessa linea del rapporto tra forma e materia: «la parola centrale della rivelazione diveniva dunque Spirito»[357] proprio nella prospettiva di un rapporto di comunicazione diretta tra l'uomo e Dio; quando si parla di una comunicazione di Dio c'è sempre un'implicazione metafisica di fondo: nel rivelarsi Dio comunica il Suo essere che è spirituale e dà in-formazione di Sé all'uomo. «Angelo e anima fanno parte di quelle realtà create e immateriali che uniscono la creazione al mistero divino. La morte non può creare discontinuità tra la vita divino-umana nel tempo storico e la vita divino-umana nel tempo oltre la morte»[358] e inoltre «la fede cattolica crede nell'anima spirituale e immortale come fondamento della possibilità della divinizzazione dell'uomo»[359].

L'antropologia cristiana considera la dimensione materiale e spirituale in modo inseparabile[360] e l'unificazione ontologia dell'uomo costituisce una novità assoluta del pensiero cristiano nel panorama del pensiero umano di ogni tempo. Il pensiero dell'anima è essenziale inoltre perché permette anche il mantenimento armonico delle istanze dell'Antico

---

352 Cfr. RIZZELLO, *La definizione di anima,*382.
353 *Ivi*, 382.
354 Cfr. VACCARO, *Neurofilosofia,* 224.
355 Cfr. MONDIN, *Antropologia filosofica*, 282.
356 Cfr. *ivi*, 284.
357 BAGET, *L'immortalità dell'anima,* 85.
358 *Ivi,* 91.
359 *Ivi,* 92.
360 Cfr. D'ONGHIA, *L'anima è il nostro cervello?,* 171.

Testamento ed esclude il mito gnostico[361]. La capacità di sintesi della Chiesa, mediante pensatori come san Tommaso, permette inoltre di superare le verità parziali del platonismo, dell'aristotelismo ed oggi di ogni riduzionismo[362]. Ci si pone al fine di fronte a tre alternative: il dualismo, il monismo e la teologia cattolica con le sue categorie di creazione e di compimento escatologico e quest'ultima non può accettare nessuna delle altre due quale unica soluzione:

> «La provocazione del pensiero moderno mette in evidenza le ragioni per le quali la Rivelazione insegna che l'esistenza dell'uomo chiama in causa la differenza che gli si manifesta originariamente proprio attraverso l'esperienza della polarità anima-corpo. Il dato antropologico fondamentale proposto dalla struttura originaria dell'uomo è questa irriducibile unità di anima e corpo. Perciò non si po' dire che l'uomo ha un anima ed un corpo, ma è, inseparabilmente, anima e corpo. [...] Ogni interpretazione della dualità corpo-anima in chiave monista o dualista, preclude all'uomo la possibilità di accedere al suo principio, nella misura in cui censura l'originaria differenza ontologica o la estenua»[363].

In conclusione a questo recupero concettuale possiamo affermare che un'adeguata applicazione dell'ilemorfosmo[364], così come è stato suggerito da san Tommaso ed accolto dal magistero della Chiesa[365], sia in grado di superare le conseguenze tanto della comprensione monista come di quella dualista del rapporto fra anima e corpo ed allo stesso tempo di rispondere adeguatamente anche alle scoperte della fisica contemporanea[366]. Alla fine

---

[361] Cfr. D'ONGHIA, *L'anima è il nostro cervello?*, 87.

[362] Cfr. *ivi,* 169.

[363] SCOLA, *La persona umana*, 168.

[364] «La dottrina dell'ilemorfismo: essa è l'unica in grado di spiegare l'essenza della sostanza corporea, della sua unità congiunta alla composizione, della sua molteplicità e del suo divenire, delle sue alterazioni e mutazioni sostanziali. [...] Ma nella nostra metafisica supereremo l'ilemorfismo aristotelico e lo incorporeremo in una struttura ontologica più basilare, più ampia e più profonda: la struttura costituita dalla coppia di essenza e di atto d'essere. [...] Così nella nostra metafisica l'atto supremo non sarà più la forma come per Aristotele, ma l'essere, che diviene pertanto l'attualità di tutti gli atti, forma inclusa»: MONDIN, *Epistemologia e cosmologia*, 145-6.

[365] «L'antropologia cristiana è opposta sia a un individualismo esagerato sia a un'antropologia dualista. Sebbene ci sia nell'essere umano una certa dualità fra l'anima e il corpo, l'uomo è un'unità sostanziale. L'unica corrente filosofica che ha dato una spiegazione dell'essere umano come un'unità, nonostante la dualità di anima e corpo, che è anche compatibile con le intuizioni delle scienze naturali odierne, è quella tomista, ispirata dall'ilemorfismo aristotelico, che considera tutti gli esseri materiali come costituiti da materia prima e forma materiale. La forma specifica di un essere vivente deve essere, nell'uomo, un principio spirituale di vita che anima la materia in un corpo umano. Lo stesso principio di vita è la base sia per i processi razionali, sia per l'azione libera, sia per i processi sensitivi e vegetativi nel corpo. L'assumere principi differenti di vita per le varie funzioni spirituali e materiali dell'essere umano condurrebbe a un'antropologia dualista. Il corpo umano, formato da un principio spirituale di vita, è evidentemente una dimensione intrinseca della persona umana. Anche il Magistero della Chiesa si riferisce alla famosa spiegazione di Aristotele e di San Tommaso d'Aquino, secondo cui l'anima è forma sostanziale della persona umana, che informa la materia, cioè il corpo vivente dell'essere umano. La persona umana non si riduce quindi all'anima, ma è costituita sia dall'anima sia dalla materia»: W. JACOBUS, *L'antropologia cristiana e la teoria del genere*, in http://www.vatican.va/roman_curia/congregations/cfaith/incontri/rc_con_cfaith_20150114_esztergom-eijk_it.html#_ftnref35 (26/06/2018).

[366] Cfr. MONDIN, *Epistemologia e cosmologia*, 145.

dell'analisi del dato scritturistico[367] e del contributo magisteriale nella sua continuità[368], è piuttosto evidente che la struttura ilemorfica che sottende alla dottrina della sostanzialità e immortalità dell'anima è l'unica formula che rende ragione armoniosamente di tutte le istanze della Rivelazione. Per giustificare anche il ragionamento induttivo successivo, abbiamo visto che la scienza sperimentale e la filosofia non soltanto non possono smentire il dato primario della struttura ilemorfica ma addirittura lo confermano come assolutamente ragionevole. Non possiamo pretendere oltremodo dalle scienze che scegliamo per un ragionamento induttivo: non possiamo certo pensare di avere una sorta di prova sperimentale[369] dell'esistenza dell'anima e pretendere ciò sarebbe una *fallacia* logica; ma dimostrare che esiste una ragionevolezza, per quanto non misurabile, è il vero risultato necessario alla portata della mente umana. È infatti il dato di partenza, la definizione consegnataci dalla Chiesa, che ha la priorità, verificarne la ragionevolezza è l'unico sforzo che è richiesto ad una mente credente.

Che cosa si intende con il termine "invisibile"? Con questo termine si definisce in genere anche la realtà immateriale perché indica per antonomasia ciò che non può essere misurato non per una lacuna tecnologica ma per la stessa struttura della realtà[370]. Invisibile e immateriale indicano per eccellenza che la realtà di Dio e la sua creazione, sia nell'infinitamente grande che nell'infinitamente piccolo, ci supera "immisurabilmente", ma la sostanzialità delle realtà immateriali ci dice che non viviamo in un'illusione: essa ci riporta alla verità della fede e alla sostanza della nostra speranza[371].

> «Infatti, i misteri di Dio trascendono per loro natura in modo così elevato l'intelletto creato, che anche se insegnati dalla Rivelazione e accolti con fede, restano tuttavia coperti dal velo della stessa fede e quasi avvolti nell'oscurità finché in questa vita mortale noi pellegriniamo lontani dal Signore: giacché noi camminiamo per fede e non per conoscenza (cfr. *2Cor* 5,7). Ma sebbene la fede sia superiore alla ragione, pure non vi può essere nessun vero dissenso fra la fede e la ragione, poiché il Dio che rivela i misteri della fede e la infonde in noi è lo stesso che ha infuso il lume della ragione nell'animo umano; Dio non può quindi negare se stesso, né la verità contraddire la verità» (PIO IX, *Dei Filius*, *DS* 3016-7).

---

367 In senso sincronico, con l'analisi dei termini, e diacronico, con lo studio anche dei mutamenti di interpretazione.

368 In questo senso quindi vediamo il Magistero e la Tradizione nello stesso sguardo.

369 «Nel caso della dottrina dell'anima, una riflessione esclusivamente sperimentale, e inoltre priva di un fondamento metafisico, non può che ridurre l'anima a mente, cioè a realtà puramente organica, materiale»: RAVANELLO, *Teologia e neuroscienze,* 421.

370 La vista umana opera grazie alla luce il cui elemento è il fotone, il più piccolo elemento alla base della recezione dei sensi umani. Al di sotto della grandezza di questo elemento tutta la realtà è "invisibile" all'analisi umana, secondo il principio fisico di indeterminazione di Heisenberg.

371 Vedi nota 254 su *Spe Salvi.*

BIBLIOGRAFIA

TESTI DEL MAGISTERO

BENEDETTO XVI, lettera enciclica *Spe Salvi facti sumus*, 30.11.2007: LEV, Città del Vaticano 2007.

BENEDETTO XVI, *Discorso del Santo Padre nell'aula magna dell'Università di Ratisbona,* Acta Apostolicae Sedis 98 (2006).

BENEDETTO XVI, *Omelia in occasione della solennità dei santi Pietro e Paolo,* Acta Apostolicae Sedis 101 (2009).

FRANCESCO, *Discorso alla Pontificia Commissione Biblica*, Acta Apostolicae Sedis 105 (2013).

LETTERATURA PRIMARIA

BARZAGHI G., *La Somma Teologica di san Tommaso D'Aquino in compendio,* ESD, Bologna 2009.

CAVALCOLI G., *Karl Rahner*, Fede e Cultura, Verona 2009.

CULLMANN O., *Immortalità dell'anima o risurrezione dei morti*, Paideia, Brescia 1970.

EDART J. B., *"anima"*, In: *Temi teologici della Bibbia*, a cura di R. PENNA – G. PEREGO – G. RAVASI, San Paolo, Cinisello Balsamo 2010.

GREGORIO DI NISSA, *Sull'anima e la resurrezione*, a cura di I. RAMELLI, Bompiani, Milano 2007.

LADARIA L., *"antropologia cristiana"*, In: *Dizionario di Teologia Fondamentale*, a cura di R. FISICHELLA, Cittadella editrice, Assisi 1990.

LAMBERTY-ZIELINSKI H., *"nešāmâ"*, In: *Grande Lessico dell'Antico Testamento* (V), a cura di G. BOTTERWECK – H. RINGGREN, Paideia, Brescia 1988.

LAUBENTHAL F., *Cervello e anima. Considerazioni di un medico sul problema dei rapporti tra anima e corpo*, Paoline, Roma 1960.

KREMER J., *"pneuma"*, In: *Dizionario Esegetico del Nuovo Testamento* (II), a cura di G. BOTTERWECK – H. RINGGREN, Paideia, Brescia 2004.

MANCUSO V., *L'anima e il suo destino*, Cortina editore, Milano 2007.

MONDIN B., *"anima"*, In: *Dizionario enciclopedico del pensiero di san Tommaso*, ESD, Bologna 2000.

MONDIN B., *Antropologia filosofica*, ESD, Bologna 2006.

MUZIO G., *la creazione dell'anima umana secondo san Tommaso*, Scuola Tipografica Italo-Orientale, Grottaferrata 1961.

O'CALLAGHAN P., *"anima"*, In : *Dizionario Interdisciplinare di Scienza e Fede* (II), a cura di G. TANZELLA NITTI, Urbaniana University Press-Città Nuova, Roma 2002.

RATZINGER J., *Escatologia. Morte e vita eterna*, Cittadella editrice, Assisi 1979.

ROLLA A., *"uomo"*, In: *Dizionario Biblico*, Studium, Roma 1963.

ROSMINI A., *Spiritualità e immortalità dell'Anima. Antologia della Psicologia*, Fede e Cultura, Verona 2009.

RUINI C., *C'è un dopo? La morte e la speranza*, Mondadori, Milano 2016.

SAND A., *"psychē"*, In: *Dizionario Esegetico del Nuovo Testamento* (II), a cura di G. Schneider – H. Balz, Paideia, Brescia 2004.

SCIACCA M. F., *L'anima*, Morcelliana, Brescia 1954.

SCOLA A., *La persona umana. Antropologia teologica*, Jaca Book, Milano 2000.

SEEBASS H.,*"nefeš"*, In: *Grande Lessico dell'Antico Testamento* (V), a cura di G. BOTTERWECK – H. RINGGREN, Paideia, Brescia 1988.

TENGSTROEM S., *"rûăh"*, In: *Grande Lessico dell'Antico Testamento* (VIII), a cura di G. BOTTERWECK – H. RINGGREN, Paideia, Brescia 1988.

LETTERATURA SECONDARIA

ANCONA G., *Antropologia teologica. Temi fondamentali,* Queriniana, Brescia 2014.

BASTI G., *Il problema mente-corpo*, in *Corpo e anima. Necessità della metafisica*, Annuario di filosofia 2000, Mondadori, Milano 2000.

BRUGUÈS J. L., *Corso di teologia morale fondamentale*, III, ESD, Bologna 2005.

LACOSTE J., *Storia della teologia*, Queriniana, Brescia 2011.

MARITAIN J., *Tre riformatori. Lutero, Cartesio, Rousseau*, Morcelliana, Brescia, 1964 (ed. or. franc. 1937).

MONDIN B., *Epistemologia e cosmologia*, ESD, Bologna 1999.

NOË A., *Perché non siamo il nostro cervello. Una teoria radicale della conoscenza*, Cortina, Milano 2010.

PENATI G., *L'anima*, La Scuola, Brescia 1982.

RATZINGER J., *Introduzione al cristianesimo*, Queriniana, Brescia 1969.

SGUAZZARDO P., *Incarnazione,* Cittadella Editrice, Assisi 2013.

SABETTA A., *Teologia e Cristologia*, LUP, Città del Vaticano 2013.

SPIRITO G., *Terra che diventa cielo,* ESD, Bologna 2009.

STEIN E., *La ricerca della verità. Dalla fenomenologia alla filosofia cristiana*, Città Nuova, Roma 1993.

VANZAGO L., *Breve storia dell'anima*, il Mulino, Bologna 2009.

RIVISTE

BAGET BOZZO G., *L'immortalità dell'anima*, in *Studi Cattolici* 52 (2008), 84-92.

CRIVELLI D., *Il primo libro del De anima. Tommaso d'Aquino tra dossografia, esegesi aristotelica e speculazione antropologica*, in *Aquinas* 56 (3013), 321-335.

D'ONGHIA N., *L'anima è il nostro cervello? Neuroscienze e teologia: prove di dialogo*, in *Rivista di Scienze Religiose* 25 (2011), 151-173.

GHISALBERTI A., *Anima e corpo in Tommaso d'Aquino*, in *Rivista di filosofia Neo-Scolastica* 97 (2005), 281-296.

GIANNETTI R., *L'anima. storia e metamorfosi di un problema*, in *Rivista di Ascetica e Mistica* 28 (2003), 425-526.

HUXEL K., *Unsterblichkeit der Seele versus Ganztodthese? Ein Grundproblem christlicher Eschatologie in ökumenischer Perspektive*, in *Neue Zeitschrift für Systematische Theologie und Religionsphilosophie* 48(2006), 341-366.

MARASSI M., *L'attualità del problema dell'anima. Tommaso lettore di Aristotele*, in *Aquinas* 61 (2013), 309-319.

PAGANI P., *Sulla attualità del concetto di anima*, in *Aquinas* 56 (2013), 425-439.

PETAGINE A., *Tommaso d'Aquino e la corporeità. Alcune considerazioni intorno alla Sentencia libri De Anima*, in *Aquinas* 56 (2013), 353-367.

RAVANELLO A., *Teologia e neuroscienze: dialogo possibile? L'anima anima il confronto*, in *Studia Patavina* 63 (2016), 419-432.

RIZZELLO R., *La definizione di anima e la sua dimostrazione nella Sentencia de Anima di Tommaso d'Aquino*, in *Aquinas* 56 (2013), 379-386.

RUINI C., *L'anima e la sua immortalità tra teologia e approccio sistemico*, in *Rivista di filosofia Neo-Scolastica* 109 (2017), 277-286.

VACCARO A., *Neurofilosofia: una sfida per la concezione cristiana dell'anima?*, in *Rassegna di Teologia* 45 (2004), 207-225.

SITOGRAFIA

BROMBIN A., *Anima umana nell'ebraismo* in, http://www.teologiaefilosofia.it/anima-ebraismo/ (27/06/2018)

GALOT J., *L'escatologia dal Concilio Vaticano II ad oggi*, in http://www.clerus.org/clerus/dati/2001-11/29-999999/02Esit.html (10/05/2018)

JACOBUS W., *L'antropologia cristiana e la teoria del genere*, in http://www.vatican.va/roman_curia/congregations/cfaith/incontri/rc_con_cfaith_20150114_esztergom-eijk_it.html#_ftnref35 (26/06/2018)

PATERNOSTER R., *La prima carta dei diritti umani nacque nel nuovo mondo,* in http://win.storiain.net/arret/num110/artic6.asp (10/05/2018)

Printed by Books on Demand GmbH, Norderstedt / Germany